伝統木造建築を読み解く

村田健一

学芸出版社

［本扉写真］

法隆寺金堂（奈良県）

現存する世界最古の木造建築。二重、入母屋造で、エンタシス、軒を支える雲斗や雲肘木など、飛鳥様式の特徴を今に伝える。七世紀後半に焼失後再建。国宝。世界文化遺産。

はじめに

本書のタイトルの「読み解く」の「解く」は、「ほどく」、あるいは「とく」と読めます。広辞苑によると、「結ばれていたものを分け離す」「不明なものを明らかにする」などの意味があります。「解」を使った熟語には、解剖、解体、解釈、解明、解析、解答、解読、解説などがあります。従来の伝統建築に関する著書では、建物の様式、その時代的変化、技法等を紹介する「解説」本が多いように見受けられます。しかし、建物を理解するためには、外見的な特徴等にとどまっているだけでは不十分です。建物の「かたち・規模」には、いくつもの条件や技術的、財政的背景などが存在します。我々が目にする建物は、施主、技術者たちの血と汗の結晶です。本書では、外見の解説にとどまらず、部材一本一本にまで解剖して、それぞれの部材の働きや仕組みを探り、背景にある様々な事象を探り出すことによって、わが国の伝統木造建築の特質を掘り起こしたいと思います。同時に、先人の知恵や苦労なども解明したいと思います。さらに、これらの特質を生かした保存とそのための修理のあり方、具体的方法について述べます。

一口に伝統木造建築と言っても、社寺建築から城郭建築、住宅建築など様々なものがありますが、すべてのことを解き明かすことは紙数の制限もありますし、それ以前に筆者の能力を超えます。また、焦点もぼけますので、最も技術的にレベルが高く、資料的に古代まで追える寺院建築を中心に話を進めたいと思います。

最初に、わが国の伝統建築の歴史を振り返ります。長い歴史にはいくつかの画期があり、技術的な発展あるいは建物に対する考え方の変化などが見られます。各時代の特徴をできるだけわかりやすい言葉で解説したいと思います。

次に、第2章において、時代を通してのわが国の伝統建築の特徴を述べます。ただ、「かたち」などの表面的なものにとどまらず、背景にある建物に対する考え方や技術などについても、「かたち」を通して解明に努めたいと思います。

これまで長い歴史の中で培われてきたわが国の伝統建築、世界に誇るべき建築文化が、大変な危機に瀕しています。さらに悲しいことに、建築に携わる人間でさえその素晴らしさに気づかないどころか、危機にあることすら知らない有様です。最後の章で、この貴重な文化遺産をどう後世に伝えられるかを考え、まとめにしたいと思います。

目次

第1章 伝統木造建築の歩み 29

第3章　伝統木造建築を守り、伝える　135

序章　木の文化、建築の文化

古代以来、木造で終始

わが国の文化遺産の特徴を一言で言えば、木材などの植物性材料を主材料にしていることです。仏教とともに大陸（百済《くだら》。古代の朝鮮半島にあった国家の一つ）から伝わった仏像は、当初は銅造、塑造などが主流でしたが、その後間もなくして木造に変わります。刀など植物性材料では用をなさないものは別として、大半のものは植物性材料でつくりました。漆器などはその典型で、塗料まで木の産物です。

建築も、有史以来、木造で終始してきました。また屋根の葺材も、樹皮、板、茅など植物性のものが非常に多く、瓦が主の韓国や中国とは対照的です。現在、重要文化財に指定された建造物は、七世紀後半の法隆寺金堂《ほうりゅうじこんどう》（奈良県）から一九五五（昭和三〇）年の丹下健三《たんげけんぞう》設計の広島平和記念資料館まで、四二三五棟あります［図1］。このうち約九割が木造です［図2］。残りの一割も、大半が石造の五重塔などの工作物なので、建築に限れば古代から近年まで木造で終始してきたことがわかります。

木造建築は、石造建築のような鉱物性材料でできたものより風雨等による劣化のスピ

1 重要文化財建造物の指定棟数
（2008年6月現在）

種類	棟数
神社	1,153
寺院	1,111
城郭	235
住宅	150
民家	746
石造物他	262
近代	578
合計	4,235

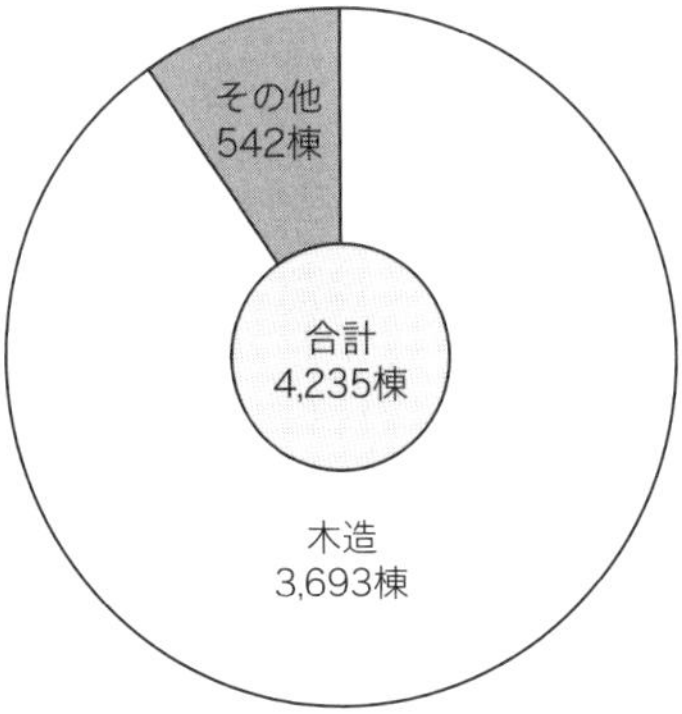

2 重要文化財建造物の構造別割合
（2008年6月現在）

ードが早く、適切な周期で修理を繰り返さなければ維持できないという宿命を持っています。過去の歴史を振り返ると、お寺の本堂のように太い柱や梁を使っている建物では三〇〇年前後、住宅のような木細い建物で一〇〇〜二〇〇年の周期でオーバーホール的な大修理を行っています。檜皮葺《ひわだぶき》*、茅葺《かやぶき》*のような植物性の屋根の葺き替えが三〇年前後の周期、腐った部分だけ修理するような小修理が一〇年前後といったように、繰り返し修理を重ねて建物を維持してきました。

　日本は、高品質で豊富な木材等を生み出す森に恵まれました。先人は、この森を積極的に活用することを考え出しました。社寺の場合、その多くが境内周辺に山林を所有し、そこから材料を供給しました。三〇〇年に一度行われる大修理の時は大量の木材を必要としますが、伐採した後には植林をします。この木が、次の三〇〇年後の大修理の時には立派な木に成長しています。檜皮葺の場合、檜《ひのき》の皮は立木から採取します。一〇年ほどすると、木は皮を再生し、元の状態に戻ります。

劣化が早いという木造建築の弱点を、再生が可能な植物性の材料を使用し修理を繰り返すことで、半永久の生命を手にするという利点に変え、世界に比類のない建築の文化、木の文化を築いたのです。さらに定期的に修理を繰り返すことで、職人の技術も後継者に受け継がれ、発展しました。このような建築の背景にある豊かな森林とそれを賢く利用した先人の知恵、その全体像が、日本の伝統建築の最も大きな特徴かもしれません。

豊かな森と良質の木材

どうして木造で終始してきたのでしょうか。それは、わが国が自然に恵まれ、良質な木材が得られたからだと思われます。建築に用いられる木材の条件としては、構造的強度、加工性、仕上げの美しさ等が求められますが、わが国にはこれらの条件を満たす木材が豊富に存在しました。特に檜はその代表格で、この材の存在はわが国の文化を大きく左右したと言っても過言ではないでしょう。この材料がなければ、建物の組み合わせ方や、構造、意匠も違っていたかもしれません。良質な木材が存在したことは、わが国の建築文化にとって本当に幸せなことでした。

法隆寺金堂、唐招提寺《とうしょうだいじ》金堂(七八一年、奈良県)、薬師寺《やくしじ》東塔《とうとう》(七三〇年、奈良県)など、古い時代においては、骨組み材から扉など造作まで檜を使いました。しかし時代が下がると、檜の絶対量が少なくなり、杉や松などが使われるようになります。近世に入ると、杢目を意匠的に重視した総欅《けやき》造りの建物が登場します。数寄屋《すきや》建築には、いろいろな種類の木材を組み合わせて、その妙を競い合うものも生まれました。このように、わが国では各種木材の性質を熟知し、それをうまく使いこなしながら、建築をつくってきました。

植物性材料への愛着

六世紀に、大陸の建築技術が朝鮮半島を経由して仏教とともに伝えられました。石を据え、その上に柱を立てます。屋根には瓦が葺かれます。柱や梁などの表面には鮮やかな朱色の塗装が施されました[図3]。当時の日本人がさぞかしカルチャーショックを受けたことは想像に難くありません。というのは、それまでの日本の在来の建築と言えば、柱は地面の中に埋め込まれる掘立柱《ほったてばしら》で、屋根には板や樹皮などの植物性材料が葺かれていたからです[図4]。

しかし、奈良時代にもなると、仏教建築においても屋根に瓦を葺かず、板や樹皮などで葺くものが多く現れます。床を張るものも現れます。このように時代が経るにしたがい、建築は日本人の生活文化、趣向に適合するものに変化していきました。中世、近世になると、それまでは当然のごとく塗られていた朱色などの塗装が施されない、木肌の美しさを見せる素木造《しらきづくり》*の建物が多く見られるようになります。このような現象は、日本人が瓦や顔料のような鉱物性材料より、木の肌合いや植物性の材料をいかに好んでいたかを示しています。

モノを残す文化、カタチを残す文化

法隆寺金堂は、わが国で最古であるとともに、世界最古の木造建築です[図5]。適切

3平城宮朱雀門（1998 年復元）。柱等には朱色の塗装が施され、屋根には瓦が葺かれました

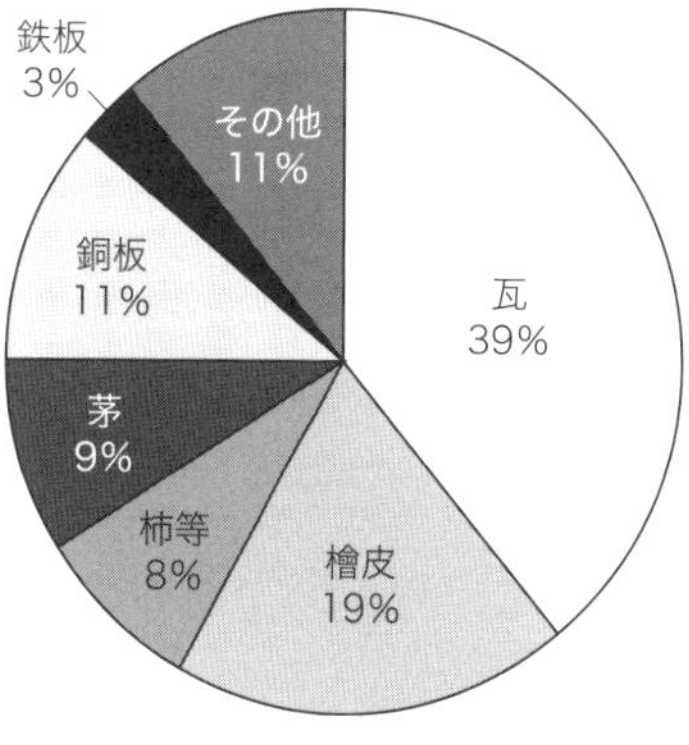

4重要文化財建造物の屋根葺材の種類。瓦葺（本瓦、桟瓦）の割合が全体の約 4 割を占めます。檜皮葺、柿葺、茅葺等、植物性の屋根が多いことは、わが国の伝統木造建築の大きな特徴です

5 法隆寺金堂・五重塔

な維持管理のおかげで、建立後一三〇〇年以上経た現在でも堂々とした姿で我々の前に建っています。モノが営々と維持されてきたのです。一方で、神社の場合は式年造替《しきねんぞうたい》＊と言って、一定期間ごとに建物を建て替え、カタチを後世に伝える文化も存在します。その代表例は、伊勢神宮《いせじんぐう》（三重県）です。伊勢神宮では、二〇年に一度、建物を建て替えます。この文化は、建物が物理的に新しくなるという点のほかに、建築技術、工芸技術等、職人の技術が師匠から弟子に確実に伝えられるといった側面も併せ持っています。先人の知恵です。

奈良の春日大社《かすがたいしゃ》も、古くは伊勢神宮と同じように式年造替の制度がありましたが、江戸末期でなくなりました。以下、春日大社を例に、カタチが守られてきたことを示すことにします。春日大社の社殿の檜皮葺の屋根は、特異な納まり方をしています。棟の両端に獅子口《ししぐち》＊と呼ばれる瓦が据えられていますが、その上にさらに鳥衾瓦《とりぶすまがわら》＊がのっているのです［図6］。普通は獅子口だけで、鳥衾瓦はのりません。ところが中世の春日大社の様子を描いた絵巻物を調べると、驚いたことに、檜皮葺のほとんどの建物は獅子口の上に鳥衾瓦をのせているではありませんか。春日大社はこれをずっと踏襲してきたのです。

では大社の本殿《ほんでん》はどうでしょうか。春日大社本殿は第一～四殿からなり、四殿とも南面して建っています。現在の本殿の建築年代は一八六三年で、建築形式は四殿とも同じです[図7]。

建築的に見ると、本殿には不可解な点が見られます。一つは、屋根の檜皮葺とその土台となる骨組みの関係です。切妻造《きりづまづくり》*の妻側*に庇《ひさし》を付加する納まりになっていますが、これは板葺で多く見られるものです。檜皮葺であれば、隅木《すみぎ》*を入れて、本体の屋根と庇の屋根を一体化した入母屋造《いりもやづくり》*にした方が都合がよいのです。中世の絵巻物を見ても、隅木の入っている入母屋造の建物は檜皮葺です。板葺の建物では隅木はありません。この違いは、板と檜皮の材料の違いからきています。

檜皮葺の場合、棟は瓦を用いた甍棟《いらかむね》*とするのが正規です。現に春日大社の他の社殿では、規模の大小にかかわらず、甍棟にしています。ところが本殿だけ木製の棟なのです。さらに棟の上に置かれた千木《ちぎ》*、堅魚木《かつおぎ》*は、本来板葺や茅葺で見られる部材です。

春日大社の本殿形式は、奈良時代に原形ができ、平安時代を通じて寺院建築の影響を受け、平安時代後期に完成したと考えられています。寺院建築の影響というのは、木部に施された朱塗りや屋根や軒に見られる反りなどのことです。

6『春日権現験記絵』に描かれた、中世の春日大社社殿。現在と同じように、屋根の獅子口上に鳥衾瓦が見られます（出典：小松茂美編『続日本の絵巻 13 春日権現験記絵（上）』中央公論社、1991 年の写真に加工）

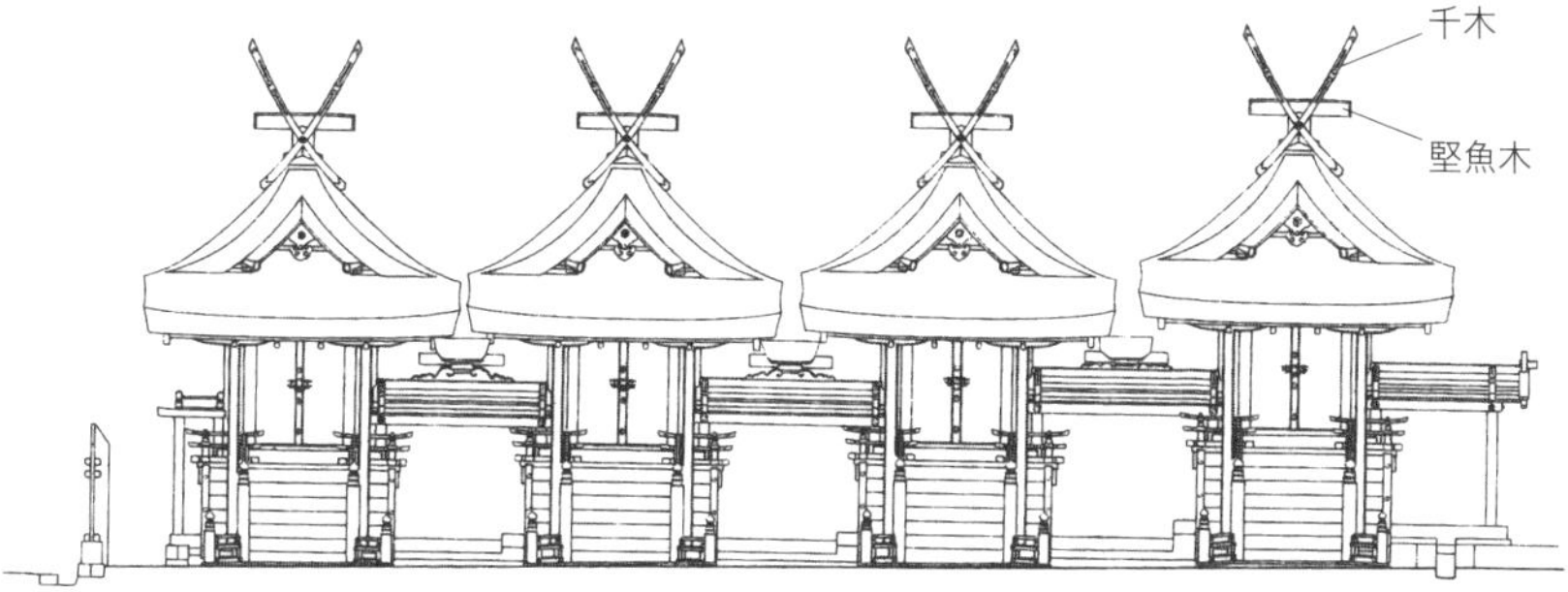

7春日大社本殿。四殿が並び、屋根は檜皮葺で、棟には千木、堅魚木がのります（出典：奈良県文化財保存事務所編『国宝春日大社本社本殿四棟外九棟修理工事報告書』1977 年の図を加工）

しかし、これだけでは屋根に見られる不可解は点を説明できません。これは筆者の推論ですが、春日大社の原形は板葺だったのではないかと考えています。板葺は中世以前では長い板を使っていたので、屋根の形が無骨になってしまいます。優雅で洗練された屋根が求められた平安時代になって、檜皮葺に改められたのではないでしょうか。その際、棟を甍棟としなかったのは、その頃すでに、木製の棟、千木、堅魚木が屋根とは関係なく神社本殿のシンボルとして捉えられていたからだと思われます。

春日大社の本殿形式は、一〇〇〇年もの間、営々と守られてきました。一〇〇〇年を超すモノが残る寺院建築とカタチが残る神社建築、両極端なものを同時に持つわが国の建築文化には今さらながら驚嘆します。

日本人独特の感覚

日本の伝統建築と大陸の建築を比較してみて、つくづく日本人の几帳面さを感じることがあります。たとえば、垂木《たるき》*の加工法です。古代においては丸い断面が正規でした。これは大陸から輸入された形式ですが、大陸では丸太材をほとんどそのまま使っている

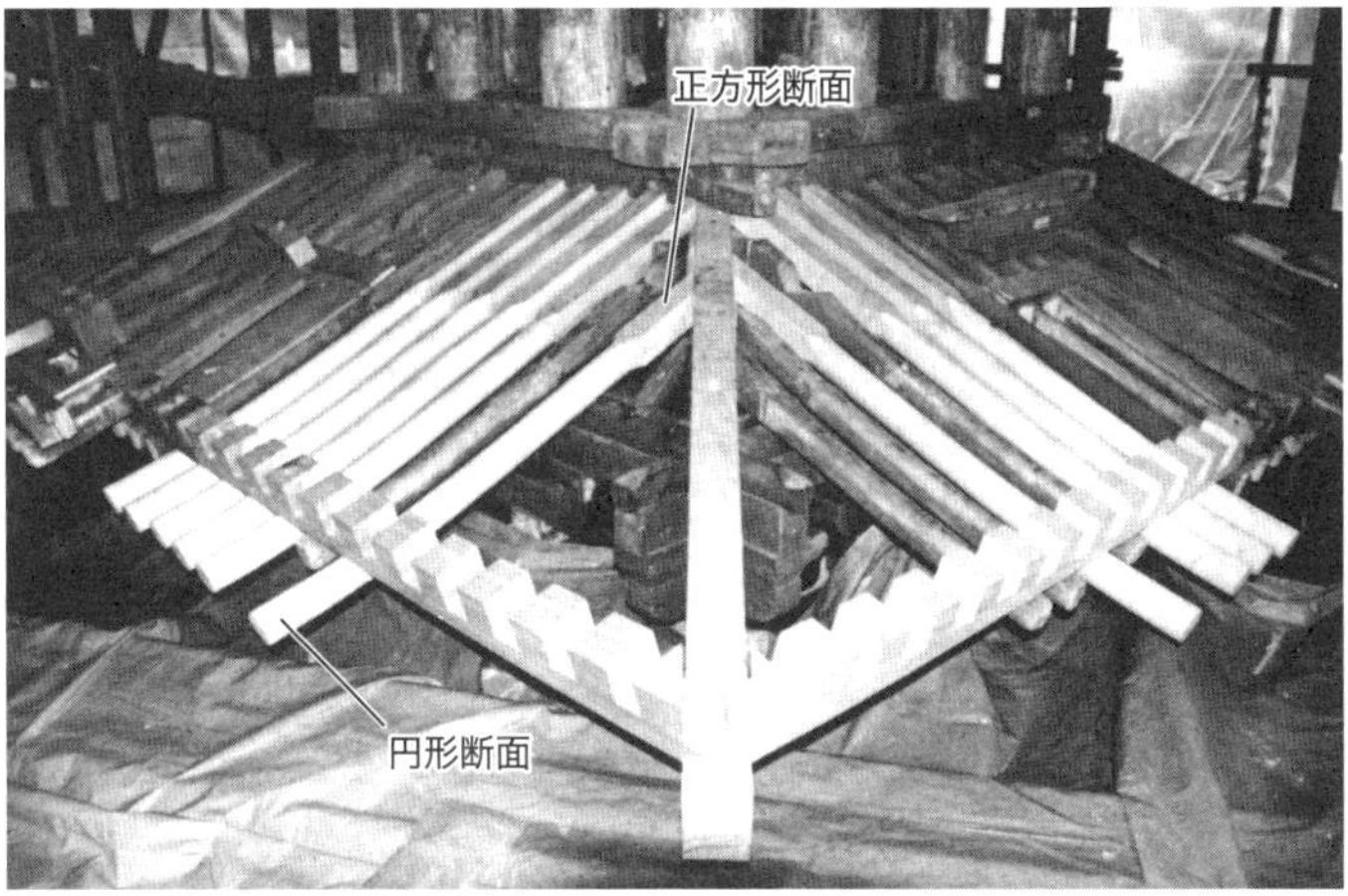

8 室生寺五重塔の地垂木。外から見える桁から外の部分は円形に加工されていますが、見えない奥の部分は正方形断面です（出典：奈良県教育委員会編『国宝室生寺五重塔（災害復旧）修理工事報告書』2000年の写真に加工）

のに対し、日本ではまっすぐでない、あるいは断面形状が不均一な丸太ではがまんできなかったらしく、まず最初に材を正方形に加工して、それを八角形、さらに一六角形というように加工し、最終的に正円にしています。どうしてそんなことがわかるかと言うと、外の見える部分は丸くなっている垂木も、小屋裏の見えない部分では、無駄な作業を省くために正方形断面のままで残されているからです［図**8**］。

形だけでなく、材の表面の仕上げにもとことんこだわります。カンナやノミなどの種類の多さを見れば、詳しい説明はいらないでしょう。部材と部材を組み合わせる技法を継手《つぎて》*、仕口《しぐち》*と言いますが、これも異常と言ってよいほど発展します［第2章図11 12参照］。精緻を極め、バリエーションも豊富です。

この木材などの植物性材料に対する愛着、几帳面さはどこからくるのでしょうか。日本人のDNAに組み込まれたものだと言ってしまえばそれまでですが、やはりこれを育んだ環境の影響が大きいのだと思います。そのなかでも良質な木材の存在は大きな要因の一つではないでしょうか。自然の恵みが日本独特の木の文化を育んだのでしょう。

中国、韓国の木造建築との違い

わが国の木造建築は、六世紀に伝えられた大陸の建築技術を原点に発展しましたから、基本的には中国、朝鮮の木造建築と同じ系統のものです。柱、梁等で軸部を固め、その上に組物を組み、小屋組を組み、軒を出し、屋根を葺きます。この項では、次章以降で述べる、わが国の木造建築の歴史、特徴の理解をより深める手助けとして、朝鮮、中国の木造建築との違いを説明します。

韓国には古代に遡る木造建築はなく、最も古い木造建築は一三世紀前後の浮石寺《プソクサ》

9 浮石寺無量寿殿。隅の柱を他より高くし、軒は地垂木が円、飛檐垂木が角断面とするなど、古代の技法を残しています

無量寿殿《ムリャンスジョン》［図9］、鳳停寺極楽殿《ボンジョンサクンナクジョン》などです。中世に遡る木造建築は山間部のごく一部のものに限られ、大半の木造建築は一七世紀以降につくられたものです。一六世紀末の豊臣秀吉の朝鮮出兵（文禄《ぶんろく》の役《えき》）が関係していると考えられています。このように、わが国と比べれば、古い木造建築が残っていない韓国ですが、どの建物を見ても、大きな視点で見ると、日本の古代建築の様式と同じなのです。中世のものも近世のものも、それどころか現在の新築伝統木造建築においてもそうなのです。ディテールは時代とともに変化しているのですが、基本的な構成や技法は古代の様式のまま現代にまで続いています。これは中国も基本的に同じで、日本との大きな違いです。

たとえば、軒の垂木。寺院において金堂や五重塔など中心的建物は二段に迫《せ》り出します。これは朝鮮、中国、日本みな同じです。一段目を地垂木《じだるき》*、二段目を飛檐垂木《ひえんだるき》*と呼び、材の断面は地垂木を円、飛檐垂木を角にするのが正規の仕様でした（地円飛角《じえんひかく》）［図10］。しかし、日本では平安時代以降、地垂木も飛檐垂木と同じように断面は角になります［図11］（平安時代でも平等院鳳凰堂《びょうどういんほうおうどう》（一〇五三年、京都府）など一部の建物に地円飛角は残りますが）。韓国や中国の伝統木造建築は、現代の新築建物においても、軒は地円飛角のままです。

❿室生寺五重塔の軒。地垂木は円断面、飛檐垂木は角断面です

⓫醍醐寺五重塔の軒。地垂木、飛檐垂木とも角断面です

軒の線を美しく見せるため、隅の柱は他の柱より少し高くする技法があります。また、柱を内側に傾斜させることもあります。しかし、日本では近世になると、柱の高さはみな同じになります。柱を内側に傾斜させる技法は門などの一部に残りますが、ほとんどなくなってしまいました。しかし、韓国、中国ではこれらの技法を現在も維持していま す。

韓国、中国では、屋根瓦の下に大量の土を置き、金堂や講堂などの大規模建築では土の厚さは数十センチメートルにもなります。古代から現代に至るまでこのやり方を続けてきました。しかし日本では、奈良時代にすでに、木材で箱状の下地をつくり、土の量を少なくするやり方に変わりました。

このように韓国、中国の伝統木造建築は、古代以来大きな変化をすることなく現代に至っています。これに対し、日本の伝統木造建築は、時代とともに大きな変化をしました。これも、わが国の伝統木造建築の大きな特徴です。

第1章　伝統木造建築の歩み

古代──大陸からの技術の移入

仏教の伝来、新建築技術の導入

六世紀に入り、大陸から仏教が伝来しました。時の為政者は国を治めるにあたり、仏教をその基盤におく方策を立て、その擁護・発展に努めました。金堂*、講堂《こうどう》*、門*などの建築も、大陸の様式・技術を積極的に取り入れました。

この大陸から伝来した建築様式は、それまでのわが国になかった別系統の建築でした。礎石の上に柱を立て、屋根に瓦を葺く。さらに柱や梁などに色鮮やかな彩色が施されました。わが国古来の建築は、柱を地面の中に埋め込む掘立柱建築で、屋根には板や樹皮が葺かれていましたから、当時の人たちがこの新しい建築に度肝を抜かされたことは想像に難くありません。新しいもの好きなDNAを持つ我々日本人の祖先は積極的に新技術を取り入れようとしたに違いがありませんが、すべての種類の建物に採用することはせず、使い分けが行われました。つまり、大陸式の儀式に使用する大極殿《だいごくでん》などの表向きの建物は中国式の瓦葺の新様式で、居住その他の用途に用いられる内向きの建物は伝統的な掘立柱建築でした。もちろん天皇のお住まいも掘立柱建築です。このことは、当時の日本人が、自国の在来建築様式を大陸のものより劣るという認識を持っておらず、むしろ誇りを持っていたということを示しています。この点は、現在の日本人との違いかもしれません。

単純明快な構造

古代建築の大きな特徴の一つに、構造の単純明快さがあります。各部材の構造的あるいは機能的な役割がそのまま素直にかたちになっています。かたちには構造、その他の意味があり、また各部が個々に定まるのではなく、密接なつながりを持って、全体がまとめられています。以下、唐招提寺金堂を例に具体的に説明しましょう。

平面図［図1］を見ると、柱と柱の間隔が一定でなく、場所によって異なっていることがわかります。左右方向の柱間隔に注目すると、中央部が広く、端に行くほど狭くなっています。これは唐招提寺に限った特徴ではなく、奈良時代の金堂に共通に見られる特徴です。当時の中央の寺院の本尊は、丈六仏《じょうろくぶつ》と言って、背丈が一丈六尺（五メートル弱）もありました。本尊は当然建物の中央に安置されますから、建物の中央の間は仏の大きさにふさわしい広さである必要がありました。具体的には五メートル前後必要です。また一方、屋根の形式は寄棟造《よせむねづくり》*が格式が高いと考えられており、当然金堂では寄棟造を原則としました。ただし、寄棟造の場合、構造的な制約から建物の奥行を深くできず、唐招提寺金堂では中央の間一六尺（五メートル弱）に対して、奥行側の間は一三・五尺（四メートル強）です。ここでもう一つ、構造的な制約がありました。それは、隅木の上端を支持する必要上、正面側の隅木と、背面側の隅木の交点がほぼ梁《はり》筋に合う必要があることです［図2］。以上をまとめると、次のようになります。

①中央の間は丈六仏を安置するにふさわしい広い間が必要。
②奥行方向の柱間隔は正面中央ほど大きくできない。
③隅木の上端を支持するため、身舎《もや》*の桁行《けたゆき》*方向の柱の両端間は梁行《はりゆき》*の柱間とほぼ等

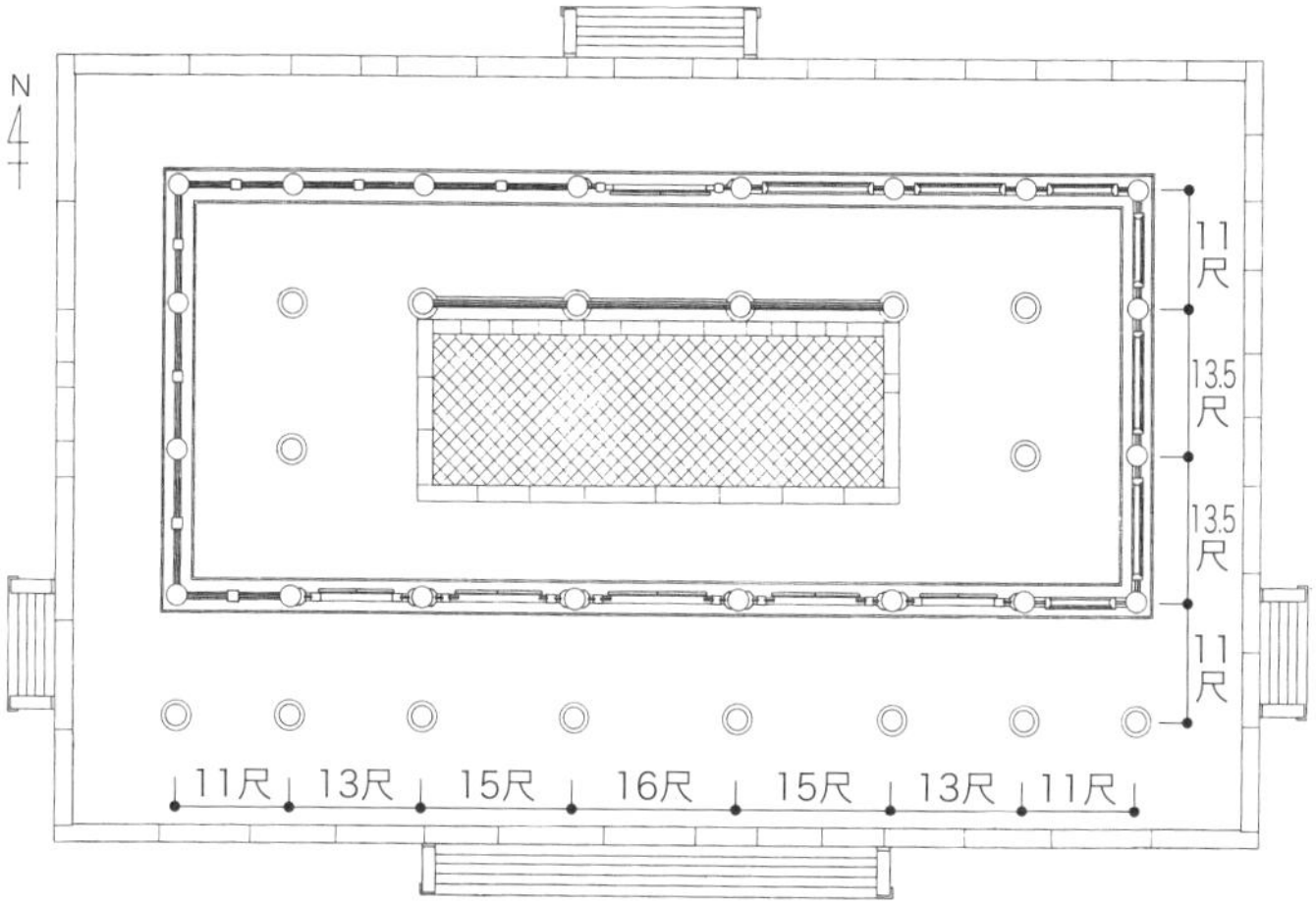

1唐招提寺金堂の平面図(出典：太田博太郎編『日本建築史基礎資料集成 4 仏堂 I』中央公論美術出版、1981 年の図を加工)

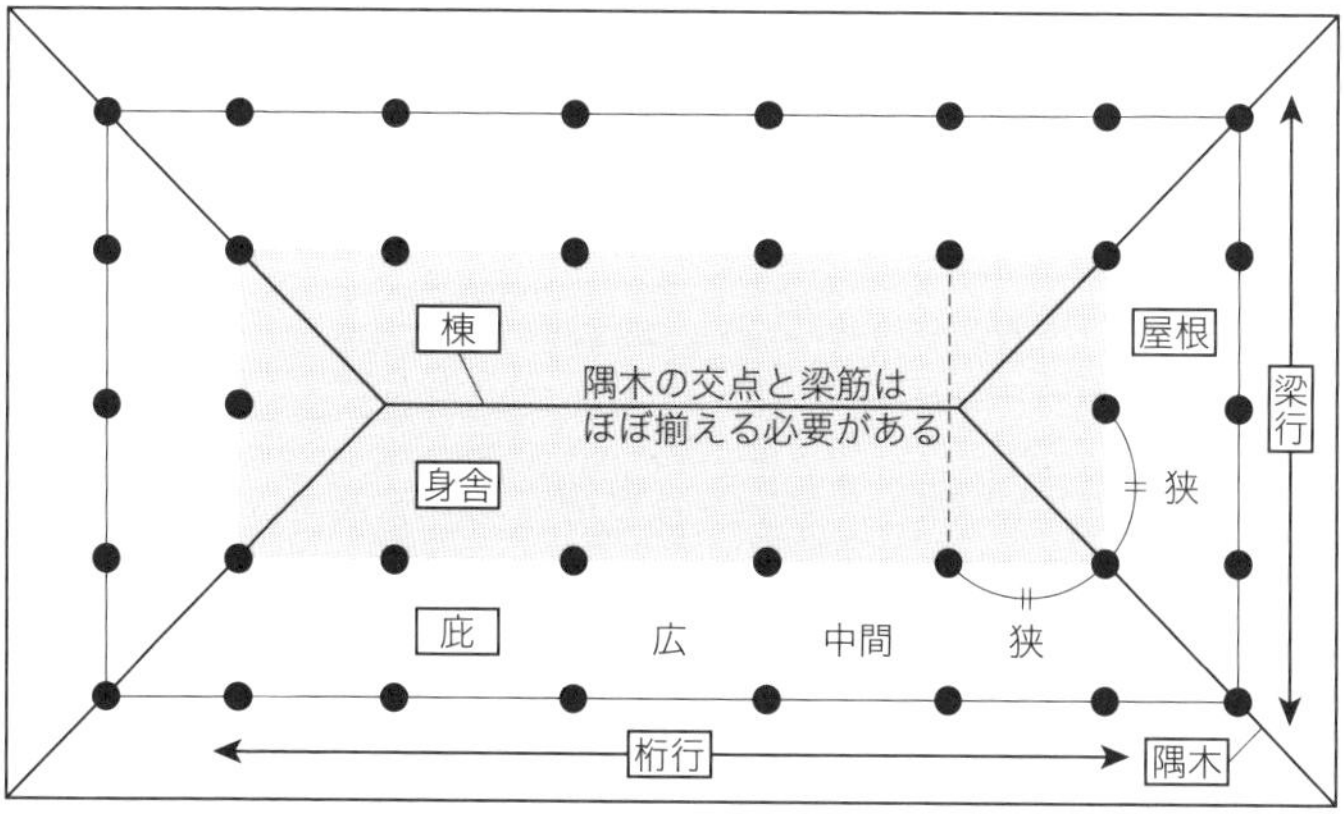

2奈良時代の金堂の柱配置と寄棟屋根

しくする必要がある。

以上のことから、奈良時代の金堂のあの不可思議な柱配置になっているのです。平面と上部構造は密接に関係しているのです。そのような条件のない講堂などの建物は、柱間をみな同じにしています。

当時も、それ以降も最大の規模を有した創建時の東大寺《とうだいじ》金堂（七五三年、奈良県）はどうでしょうか。現在の建築史学界では、東大寺金堂の屋根は寄棟造と考えられています。この根拠は、当時の絵図に描かれた金堂が寄棟造のように見えること、寄棟造が他の屋根形式より格上だと考えられていたという二点です。しかし、絵図の絵は精密なものでありませんし、薬師寺金堂（七四二年）のように入母屋造の金堂が存在することから、金堂が必ず寄棟造ということはありません。

創建金堂は平安時代末に焼失し、鎌倉初期に再建されますが、この時の屋根は寄棟造であることが確認されています。再建にあたり、大仏の左右に四本ずつ柱を追加しています。先ほどの柱配置と屋根形式の関係、そしてこのような状況から、筆者は創建金堂は入母屋造で、鎌倉時代に寄棟造に改めるにあたり、隅木を受けるために大仏脇にそれぞれ四本の柱を追加したのだと考えています。

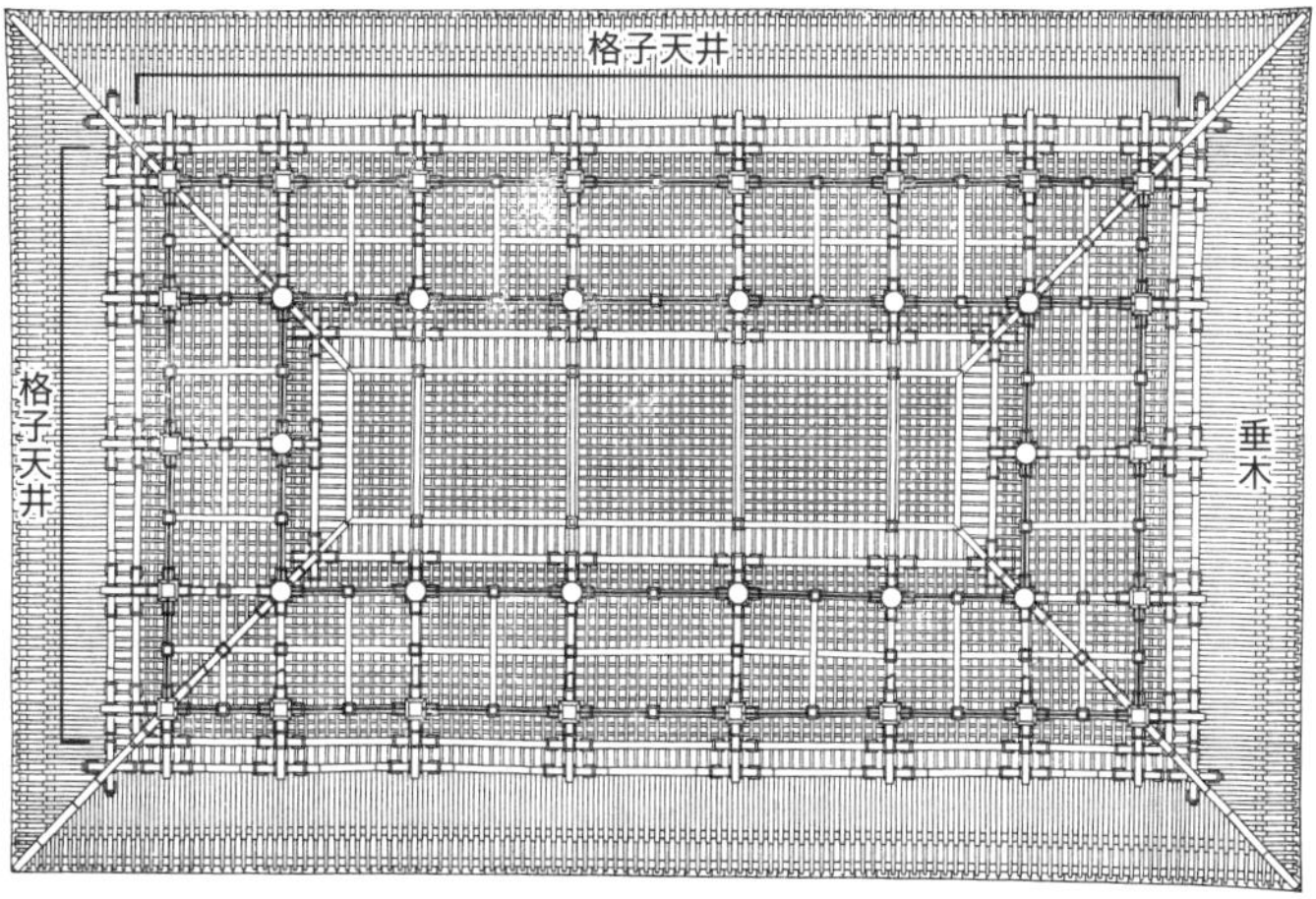

3唐招提寺金堂の見上図（出典：太田博太郎、前掲書の図を加工）

次に、天井の状態を示す見上図［図**3**］を見てみましょう。周辺に垂木が見えますが、その内側には一面に格子天井が張られ、華やかな彩色が施されています。彩色と「天井」という言葉のイメージから、この天井を装飾的なものという見方をしがちですが、実際はそうではありません。古代においてこのような天井が見られるのは、金堂や塔など軒がきわめて深い建物に限られます。実はこの天井は、地震や大風などの横力に対して建物がねじれないようにするための構造的役割をしているのです。身近なところで言えば、こたつのやぐらや襖の骨は格子組になっていますが、これも同じ原理です。構造材である天井を構造材とは思わせないほどきれいにデザインされているところに、当時の大工の技術、芸術的センスの高さがうかがえます。

二種類ある構造

日本の古代木造建築（掘立柱建物を除く）は、従来、組物《くみもの》*の有無、形式の相違など、外見的な違いはあっても、構造的にはいずれも同じ範疇のものだと考えられてきました。しかし、構造的視点で考察すると、金堂や塔婆《とうば》建築*のように三手先《みてさき》組物［図4］を用い、きわめて深い軒を持つ建物とそれ以外の建物では、システムが異なっています［図5］。

三手先建物の例として法隆寺金堂を、三手先以外の組物を用いる例として法隆寺東院《とういん》伝法堂《でんぽうどう》（七三九年）を取り上げ、比較してみましょう。図6はそれぞれの建物の組立工程を示したものですが、両者の違いは一目瞭然でしょう。前者は身舎、庇両方の柱を同時に立て、次にその上に組物を組み上げています。庇部分をまず固め、その後で身舎部分に梁を架けています。それに対して、後者はまず身舎柱を立て、虹梁《こうりょう》*を架けて身舎部分を固めます。その後に庇柱を立て、梁でつなぐ。身舎部分をまず固め、その後に庇部分を付加しているのです。

組物の位置は、前者が柱上の同じレベルに層状に組まれるのに対し、後者は屋根面のすぐ下にスポット状に組まれます[図7]。つまり、前者は組物で小屋組を受けている架構であるのに対し、後者は柱が組物を介し、母屋《もや》*、桁を受けています（小屋組がない）。組入《くみいれ》天井*は、字のごとく、構造材の間に組み込まれた天井ですが[図8]、前者にはあり、後者にはありません。法隆寺金堂の場合、幅九センチメートル、成一二センチメートルほどもある角材を約三〇センチメートル間隔で格子状に組んでいます。部材寸法から見ても構造的役割を担っていることは明白です。つまり、組入天井は水平構面を構成し、建物のねじれや地震、台風など横力に対抗する構造材なのです。法隆寺金堂の場合は軒下に天井がありませんが、薬師寺東塔以降の三手先には軒天井があります。これも深い軒下に水平構面を構成し、軒のねじれや水平力に対抗しているのです。

三手先建物の場合、軒の出が四メートルを超え、それに対して三手先以外の組物の建物では二メートル前後が限界で、倍の差があります。この差が構造システムの違いになっているのです。

北宋の李明仲が、勅命によって一一〇〇年に編纂した建築技術書『営造法式』による三手先は、力肘木・束・尾垂木で三角形(トラス)を構成し、これによって深い軒の出を支える構造手法です。わが国の和様建築の三手先は、このトラスのつくり方によって、大きく下の四種類に分類することができます。

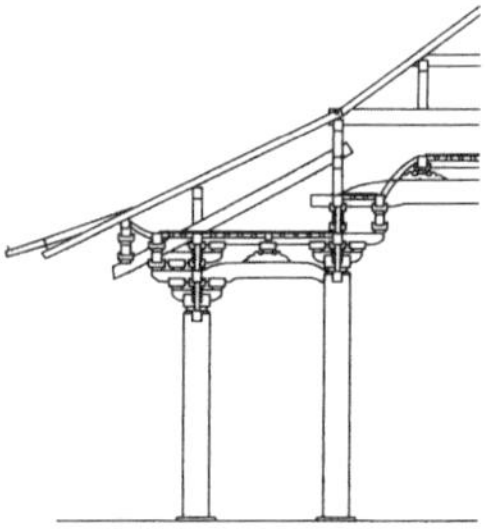

唐招提寺金堂

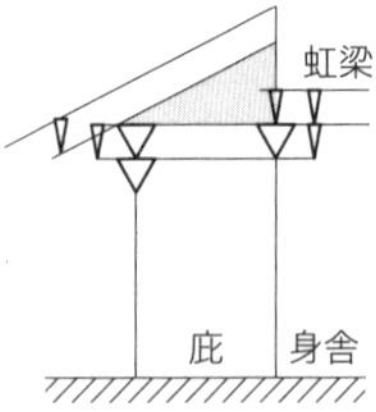

TYPE C
身舎柱が庇柱より高い形式

身舎柱と庇柱の高さが異なる形式。TYPE A、Bのように力肘木、束、尾垂木で完全な三角形をつくらないので、構造的には不安定である。TYPE Bの身舎柱を枠肘木一段分高くした形式。

例）唐招提寺金堂、教王護国寺講堂

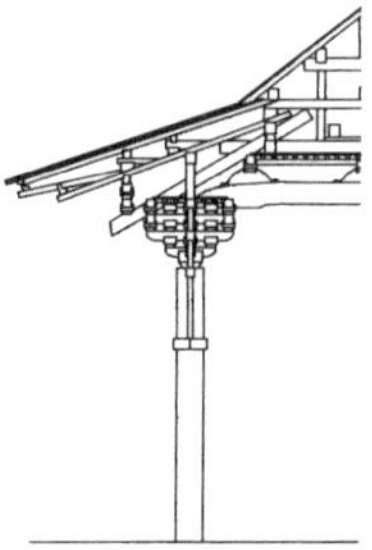

平等院鳳凰堂

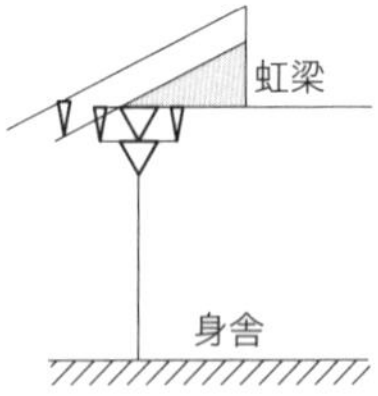

TYPE D
庇がない形式

TYPE Bの身舎柱と庇柱を一つにした形式。

例）平等院鳳凰堂、喜光寺本堂(四手先)、重層建築の二重以上

組物は、軒を支える装置です。軒を支えるためには、当然のことながら、側柱から外側の部分だけで対応することは不可能で、内側の部分を含めた架構によってその役割を果たします。特に三手先のようにきわめて深い軒を支える形式では、内側の架構が重要なポイントとなります。

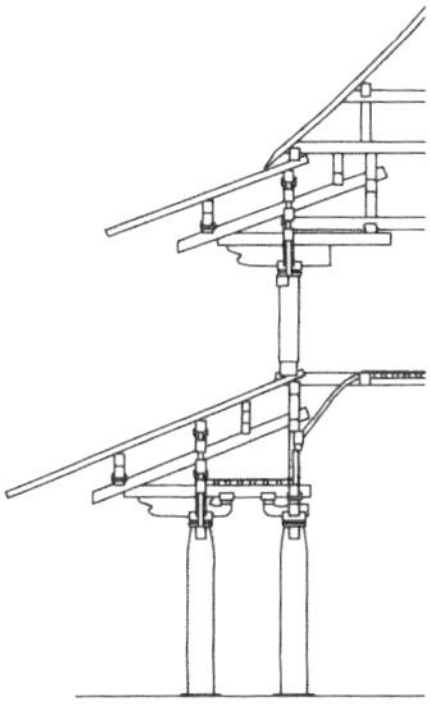

法隆寺金堂

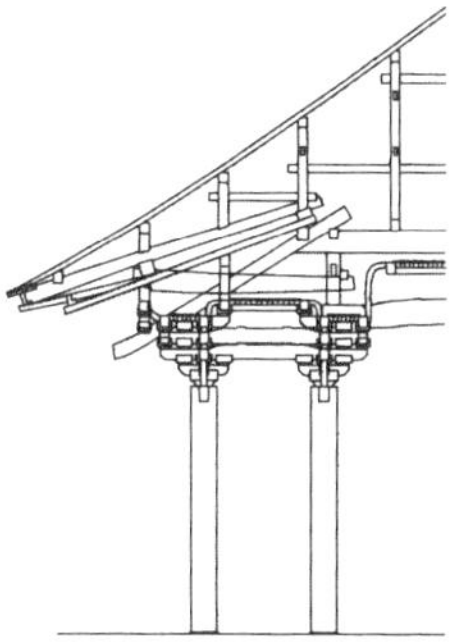

興福寺東金堂

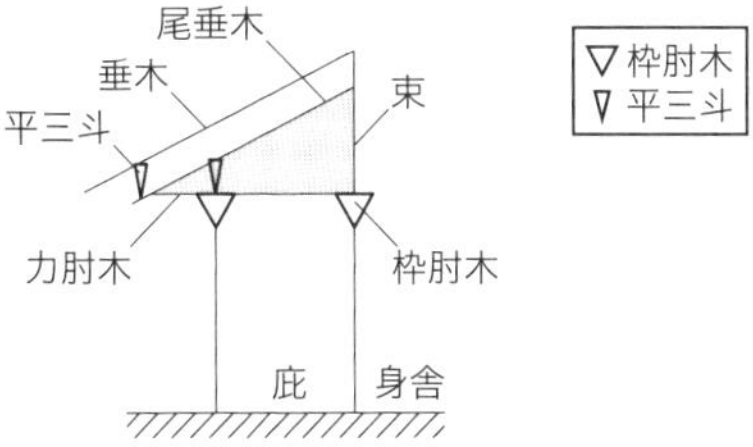

TYPE A
身舎柱と庇柱が同じ高さ①

力肘木、身舎柱上の束、尾垂木で構成された三角形の先端は、柱より外側にある。四つのタイプの中では最も三角形が大きい。

例）法隆寺金堂・五重塔・中門、薬師寺東塔

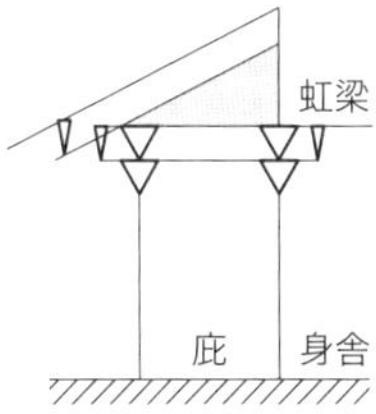

TYPE B
身舎柱と庇柱が同じ高さ②

基本的にはTYPE Aと同じ。枠肘木を二段に組み、その上に三角形をつくる。そのため、三角形はTYPE Aより小さくなる。二手目に力肘木を入れ、組物の横の連結を図る。

例）興福寺東金堂、塔婆や二重門など重層建築の初重

4 三手先組物の種類

5三手先建物とそれ以外の建物の比較

区分	組立工程	組物位置	天井	屋根
三手先建物	庇→身舎	軸部と小屋組の間に層状	有	寄棟造、入母屋造
それ以外の建物	身舎→庇	軸部と母屋・桁の間にスポット状	無	すべての屋根

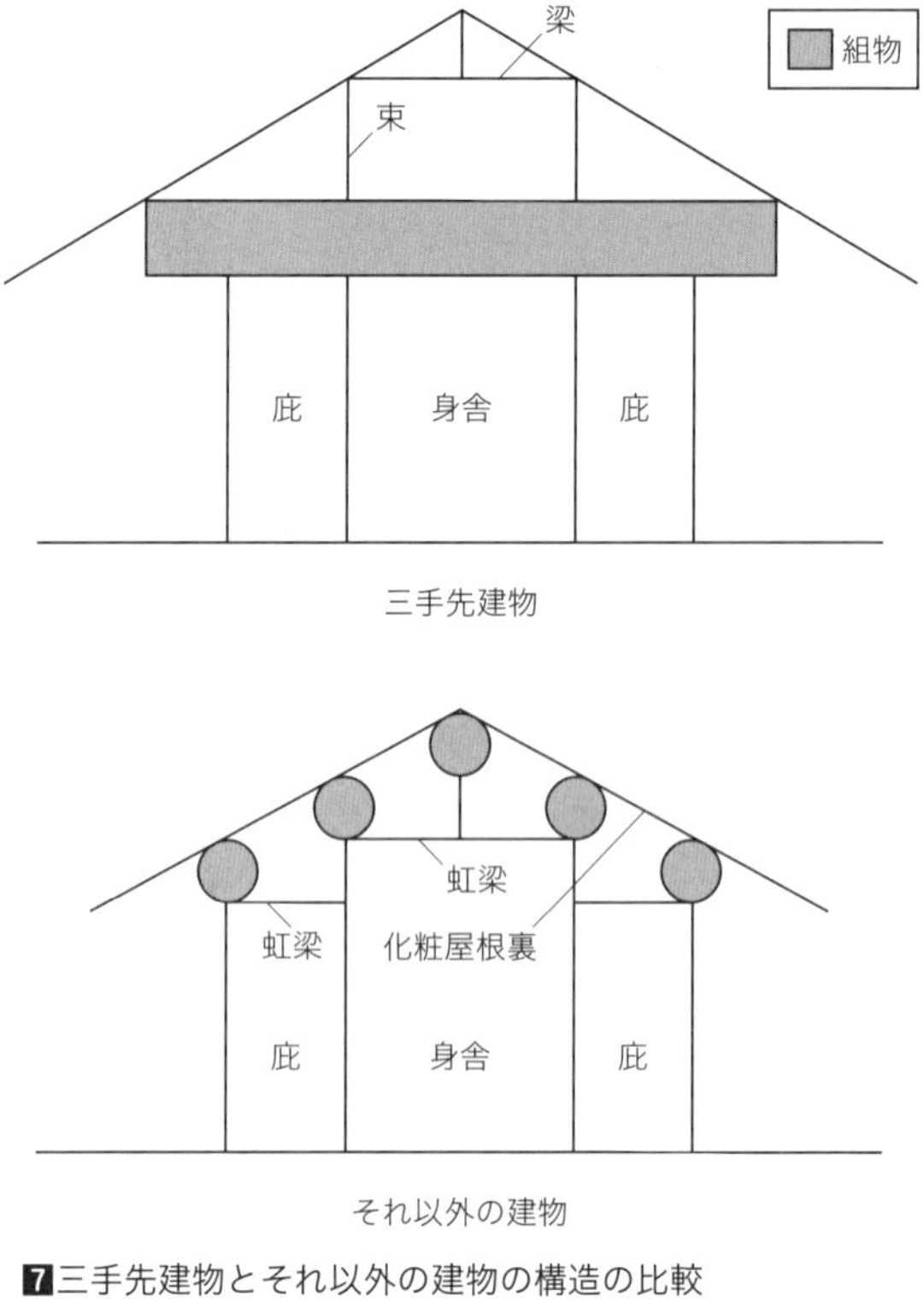

7三手先建物とそれ以外の建物の構造の比較

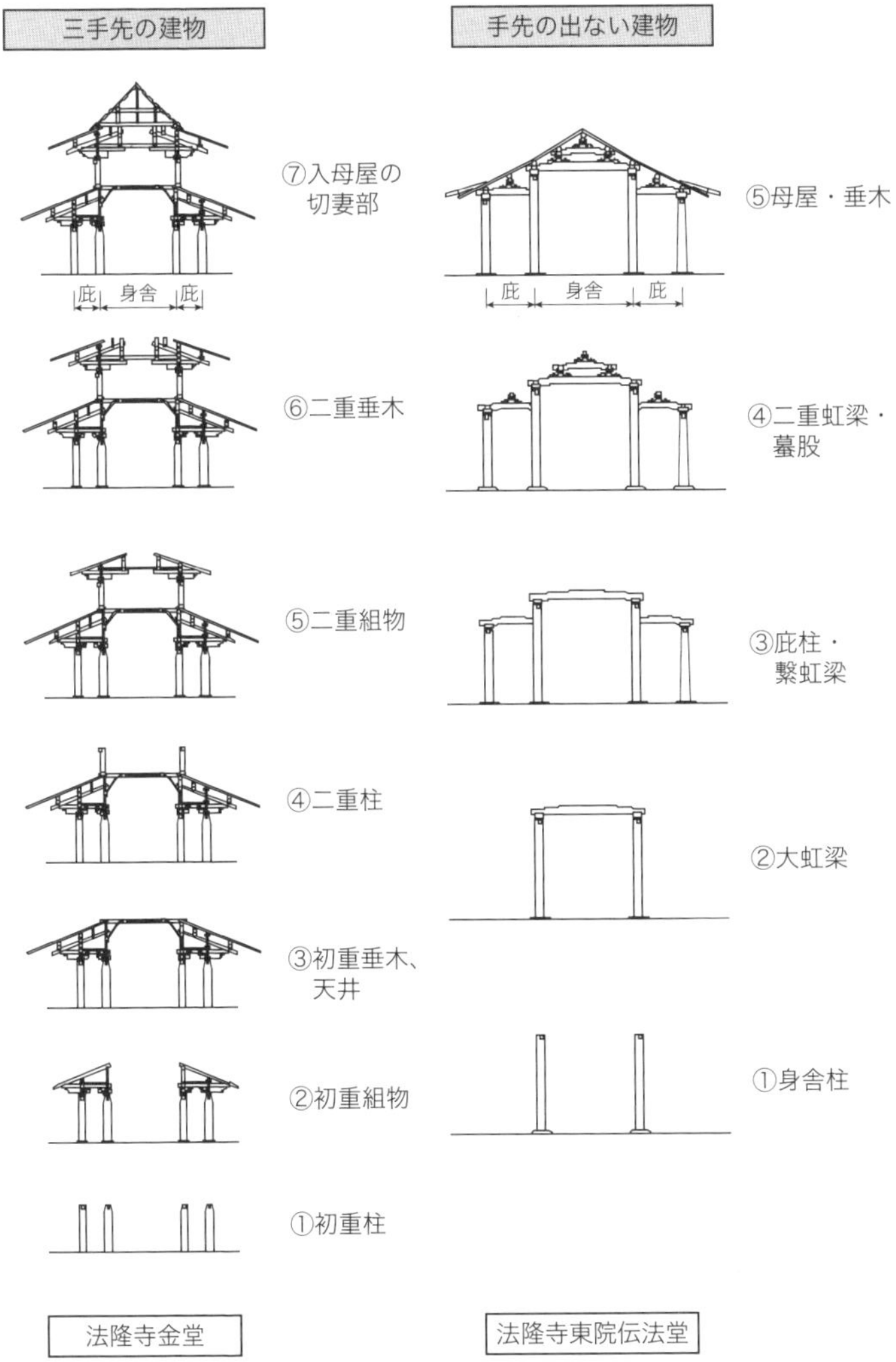

6法隆寺金堂・東院伝法堂の組立工程図

8 唐招提寺金堂の組入天井

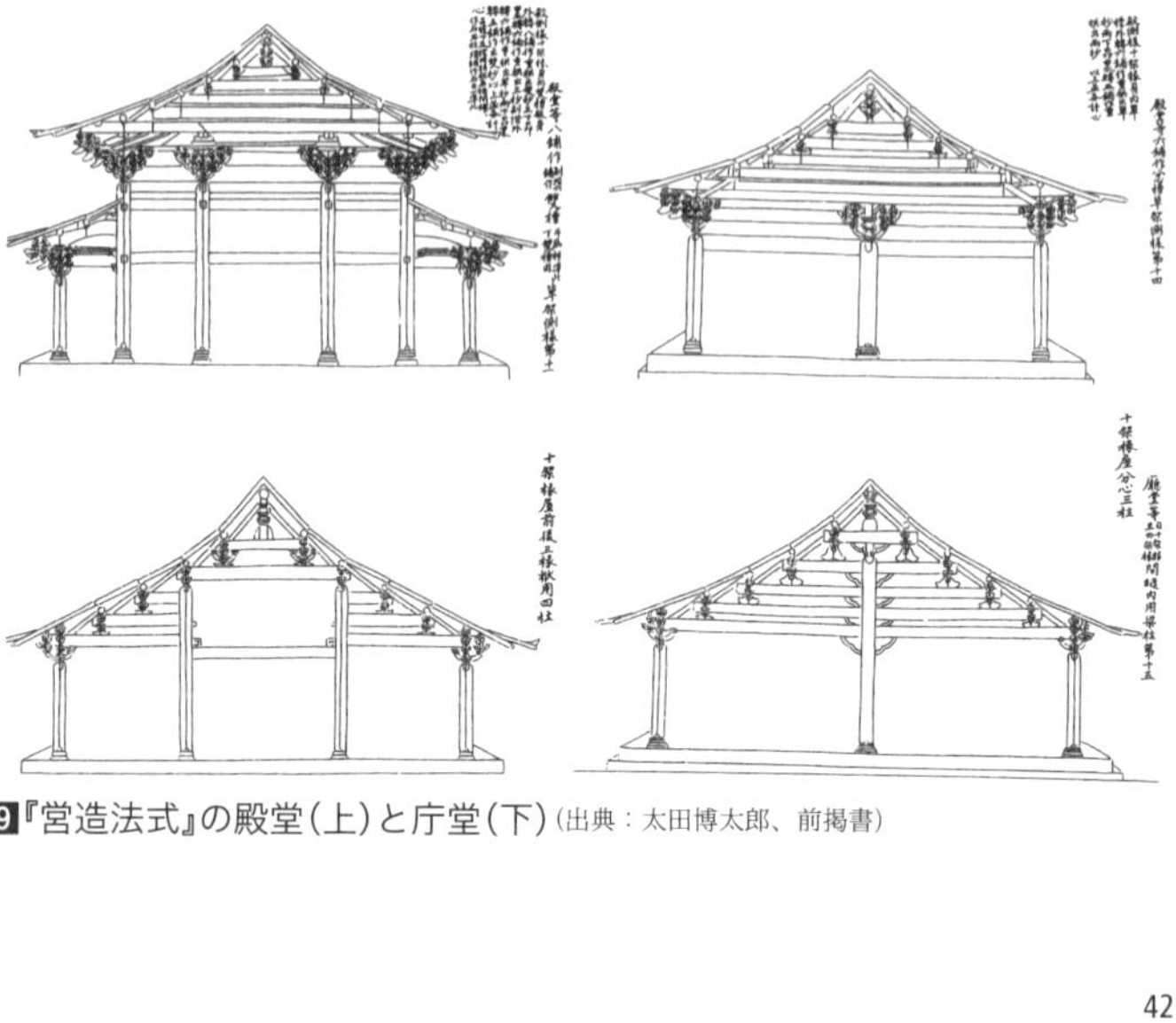

9『営造法式』の殿堂（上）と庁堂（下）（出典：太田博太郎、前掲書）

と、中国の建築には「殿堂」と「庁堂」の二種類があるとし、それぞれ数棟ずつの図面を掲載しています［図9］。これと先述の二者を比較すると、三手先建物が「殿堂」、その他の建物が「庁堂」に相当します。

キーワードは〝一〇メートル〟

古代建築を研究していると、「一〇メートル」がつきまといます。

わが国の伝統建築の材料である木材は天然の材料ですから、その長さには限界があります。長さに限界がある材料を使用する以上、規模、構造などに制約がかかることは容易に想像できます。特に「構造＝かたち」の単純明快な古代建築においては、この制約が正直にかたちになって現れます。

一番わかりやすいのは、角材を井桁《いげた》＊に積み上げる校倉《あぜくら》建築＊でしょう。校木《あぜき》は構造上、途中でジョイントを設けることができません。したがって、使える木材の長さの限界が建物の規模を決めることになります。同じようなことが塔婆建築にも言えます。重層という構造上の制約から、各部材はジョイントのない一丁材を組み合わせて建物をつくらなければなりません。

古代において使える木材の長さの限界は、これまでの研究で一〇メートル強であることがわかっています。正倉院正倉《しょうそういんしょうそう》（七五六年頃、奈良県）は最大級の校倉建築ですが［図10］、間口が約三三メートル、奥行が約九・三メートルあります。一〇メートルをはるかに超す規模ですが、実はこの建物は三つの倉からなり、一つの倉は約一一メートルになります。また、古代の塔婆建築の大きさは、大きなものは六〜七メートルに集中します。塔婆の場合、初重の桁、隅木が最も長い材です。平面が六〜七メートルだと、桁や隅木は九〜一〇メートルになります［図11］。

平城宮《へいじょうきゅう》（七一〇年、奈良県）の中心建物である大極殿や正門である朱雀門《すざくもん》などの建物の柱間寸法は、宮内で最も長い一七尺（約五メートル）です。横材は原則として柱位置で継ぎますが、柱位置ごとに継ぐと、建物は構造的に弱くなってしまいます。特に軒がきわめて深く屋根の大きな大極殿、朱雀門などの建物では構造的に成立しません。少なくとも横材は二柱間分の長さが必要です。横材は何段も架けられますから、ジョイント位置を上下でずらせば構造的に問題はありません。二柱間分だと材の長さは一〇メートルとなります。平城宮の最大柱間一七尺は、当時用意できた木材の長さから決まったのです。

❿正倉院正倉。北、中、南倉の三つからなります。北倉と南倉が校倉で、中倉は板を用いて壁をつくっています

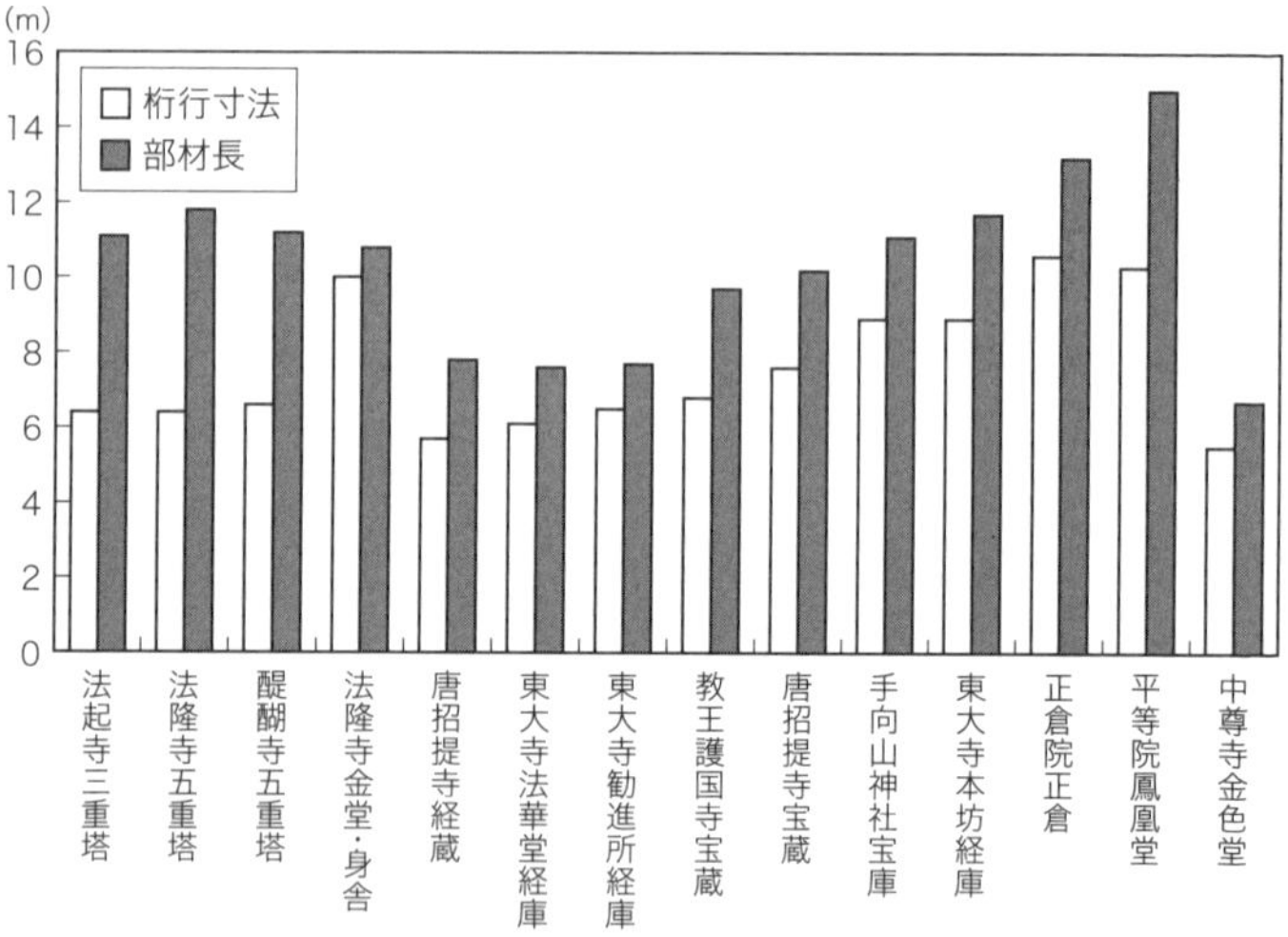

11古代建築の桁行寸法と最大長材の長さ

組物形式も「一〇メートル」と深い関係があります。一番わかりやすいのは、桁を直接三斗《みつど》*で受けるか、実肘木《さねひじき》*で受けるか、その使い分けです[図**12**]。具体的な例で言えば、前者には薬師寺東塔、法隆寺西院経蔵《さいいんきょうぞう》（七世紀）、法隆寺東大門《とうだいもん》（八世紀）、海竜王寺西金堂《かいりゅうおうじさいこんどう》（七三一年、奈良県）、法隆寺西院廻廊《かいろう》（七世紀後半）、後者には唐招提寺金堂、法隆寺東院伝法堂、法隆寺食堂《じきどう》（八世紀）、東大寺転害門《てがいもん》（八世紀中頃）などがあります。建物規模が一〇メートルを超える、つまり桁材を継がなければいけない規模の建物においては、継手部分を補強するために実肘木が用いられているのです。

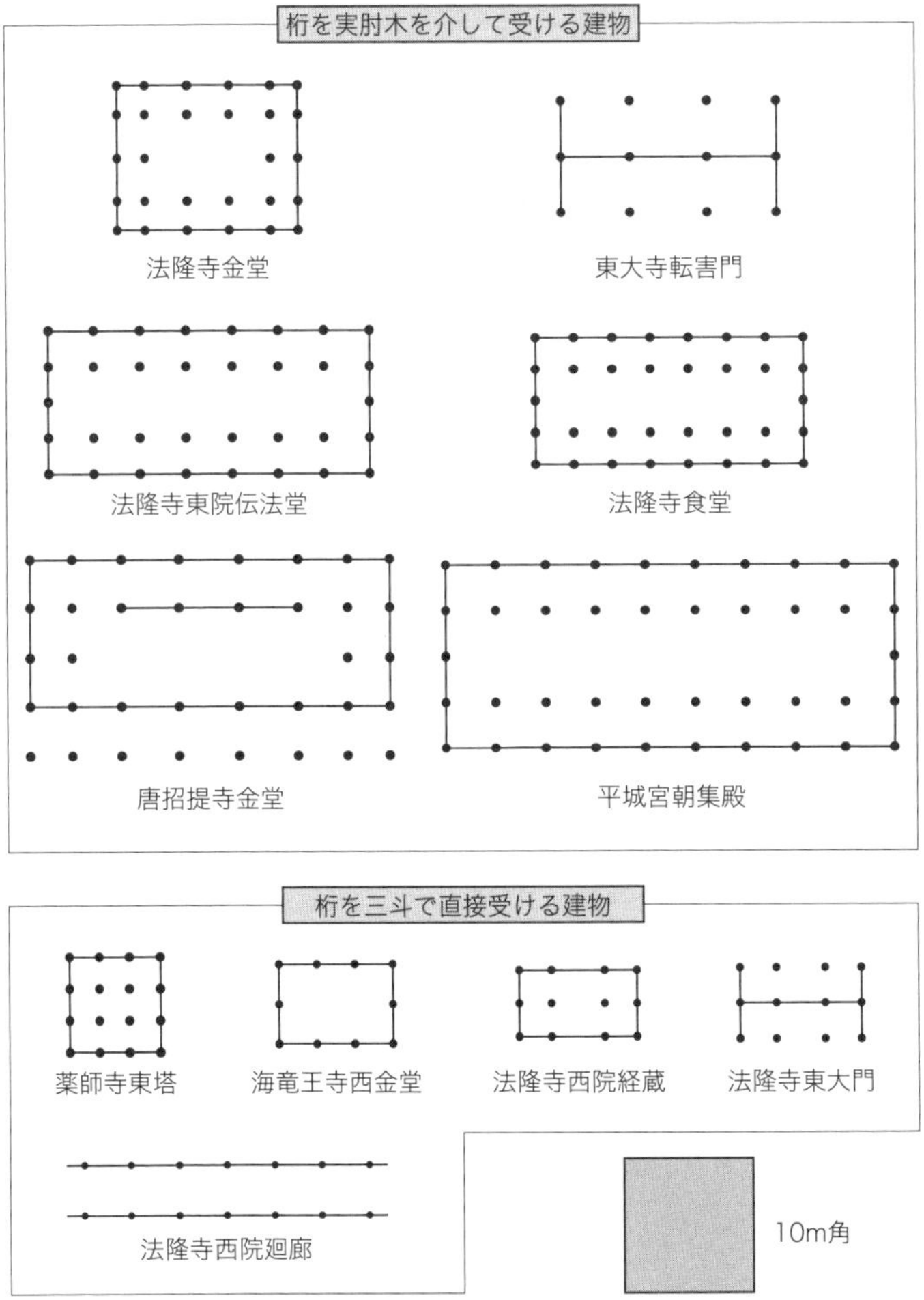

12組物と平面規模。実肘木を介して桁を受ける建物は、みな規模が大きい。それに対して三斗で直接桁を受けるものは、小規模あるいは構造が単純な建物です

飛鳥から奈良建築への技術革新

一丁材で強度を確保

法隆寺金堂など七世紀以前の金堂の規模は、奈良時代の金堂と比較にならないほど小さく、しかもみな似通っているという特徴があります。平面図（基壇規模図）〔図13〕に示したように、大小二つのグループに分かれます。大きいもの（図13の左上段）は桁行一四メートル前後、身舎桁行が一〇メートル前後。小さいもの（図13の左下段）は桁行が一〇メートル前後です。

幸いなことに、法隆寺金堂が現存し、大変貴重な資料を提供してくれます。図14の架構図は通肘木《とおりひじき》*等横材の継手の有無を表したもので、墨塗りの材は継手のない一丁材を示します。初重の身舎部分および二重の通肘木が一丁材となっています。最長材は二重の桁行通肘木で約一〇メートルあります。建築の仕事に関わっている方々はおわかりだと思いますが、一〇メートルという長さはとんでもない寸法です。現在より、木材が豊富であった当時においても入手することは相当困難であったことは想像に難くありませ

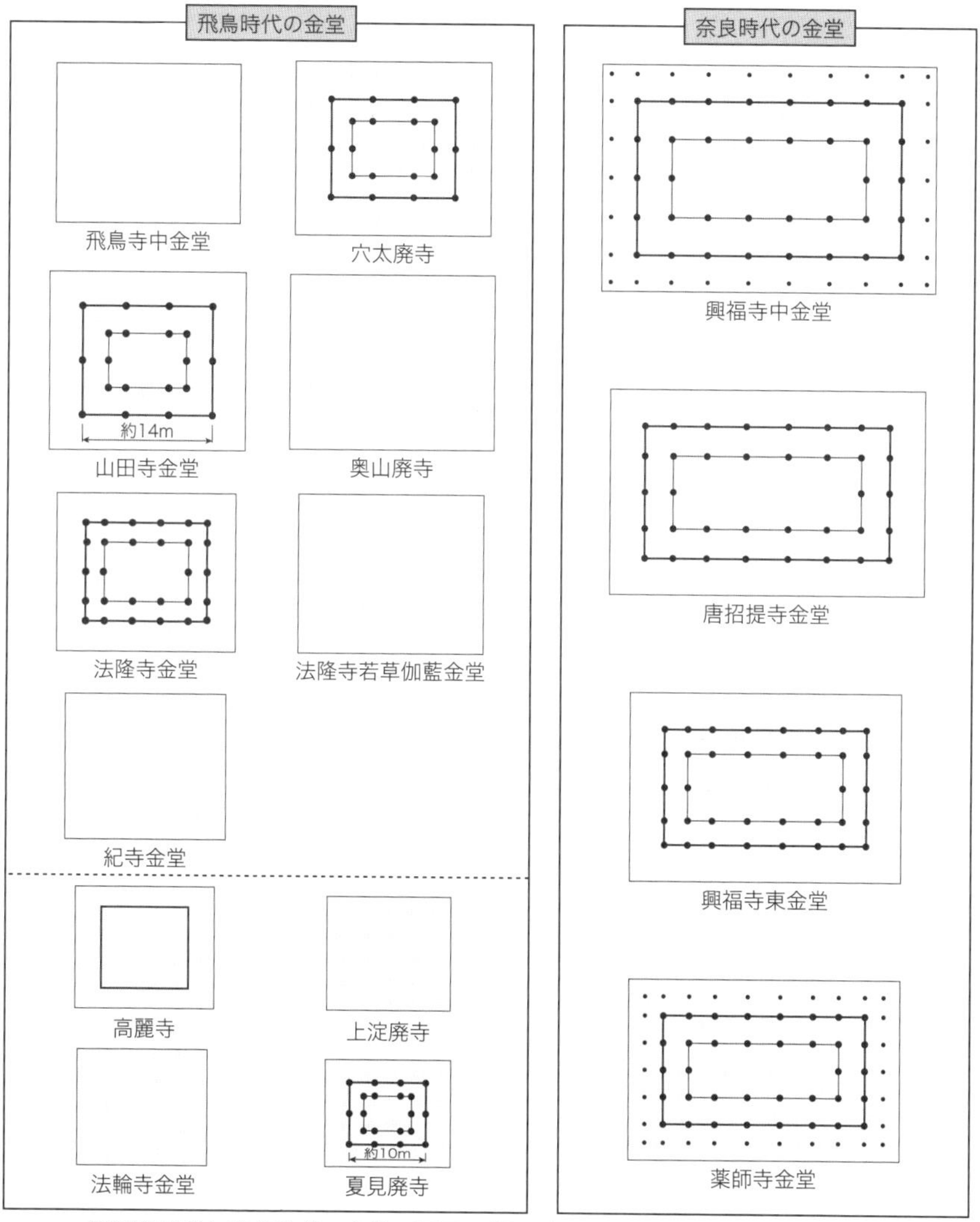

⓭飛鳥時代と奈良時代の金堂の平面図（□は基壇、柱の位置が不明なものは無記）

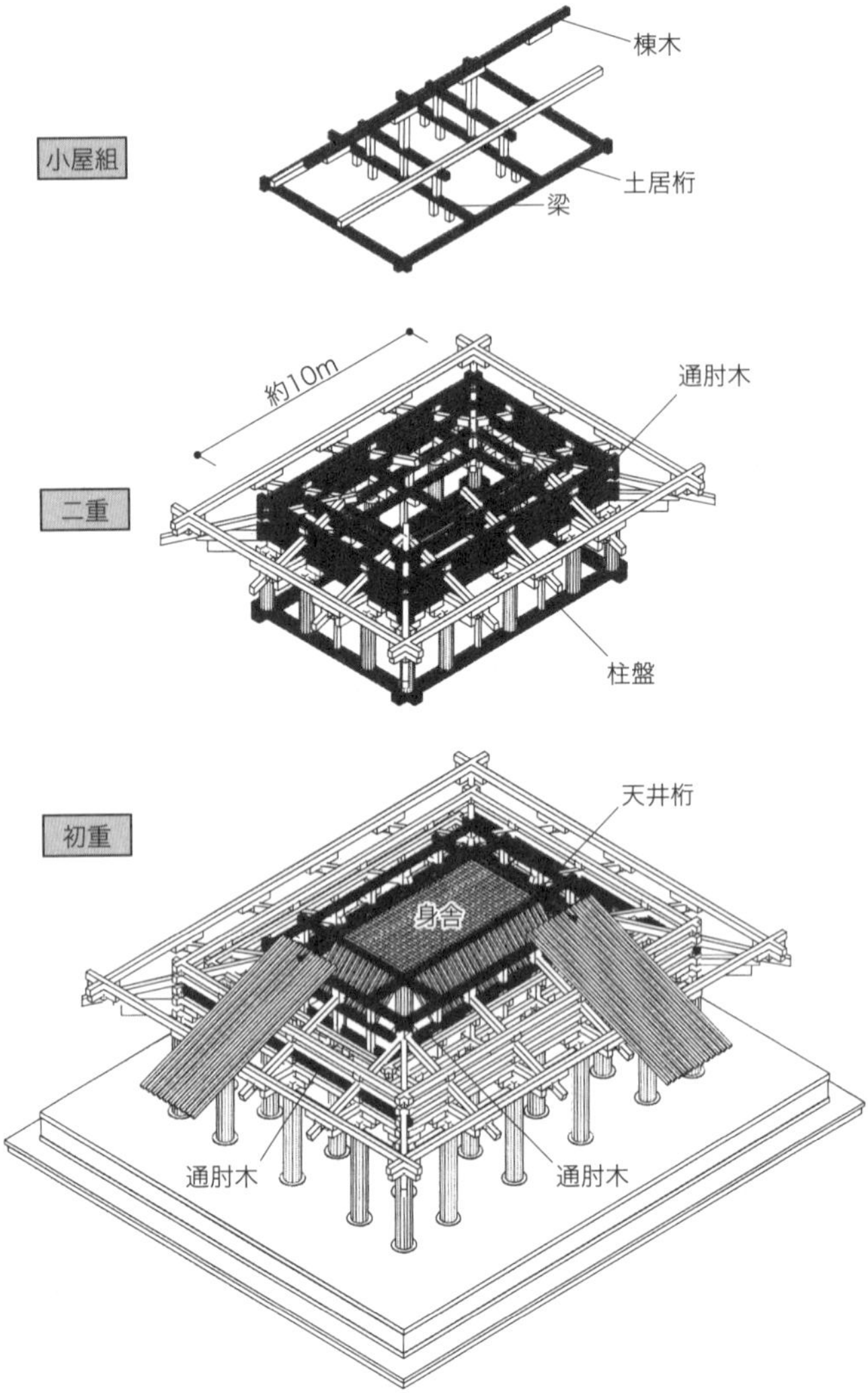

14 法隆寺金堂の架構図。墨塗りの横材は継手のない一丁材

ん。二重の建物であるため、二重がのる身舎部分と二重部分の横材を一丁材にしなければならないという構造的制約と、入手できる木材の最大長が一〇メートル強という制約からきた結果だと考えられます。

最初に飛鳥時代の金堂は大小二つのグループに分かれると記しましたが、大きい方のグループは、法隆寺金堂と同じように二重の建物だと考えられます。小さい方のグループは、建物全体を一丁材で組んだから桁行規模が一〇メートル前後になったのでしょう。

雲斗・雲肘木と三手先組物

さらに、法隆寺金堂、五重塔などの組物は、雲斗《くもと》*、雲肘木《くもひじき》*から構成された特徴的なもので[図15]、奈良時代以降用いられていません[図16]。奈良時代以降の三手先組物は、柱の上に大斗《だいと》*という大きな斗《ます》*を置き、その上に肘木《ひじき》*、斗を組み上げていきます[図17]。外方向には大斗の上に肘木を二段迫り出し、その先端にのる斗の上に建物本体から斜め下方に延びてきた尾垂木《おだるき》*という材をのせます。この尾垂木はそこよりさらに外に迫り出され、先端に斗、肘木をのせ、桁を受けます。

これに対し、法隆寺金堂等の組物は柱の上に大斗をのせ、その上に外方向に大きな断面の雲肘木と呼ばれる材を出します[図18]。雲のような彫刻が施されていることからこ

⓯法隆寺中門の組物。雲肘木、雲斗が用いられた組物が法隆寺の特徴です

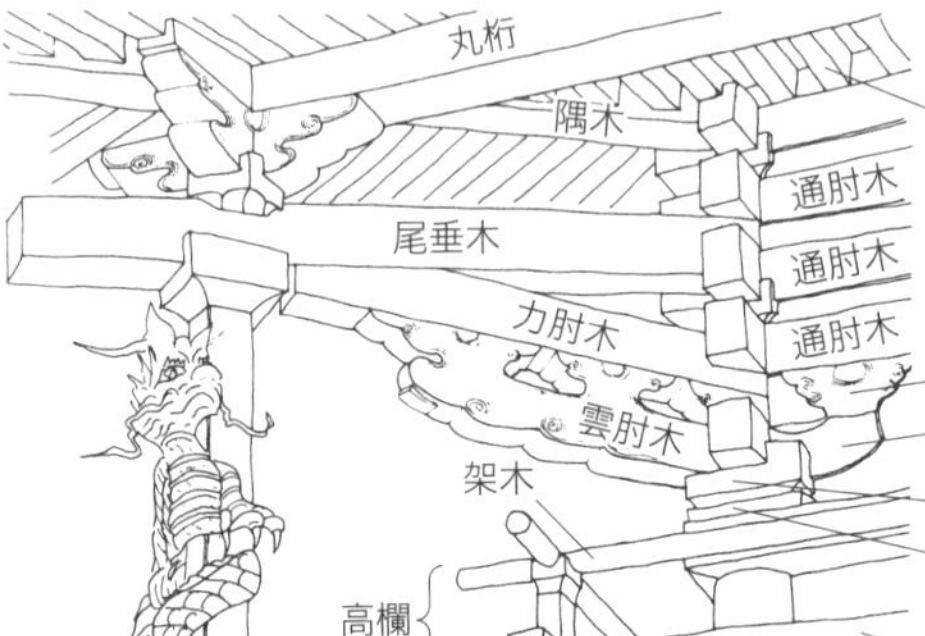

⓲雲斗と雲肘木(法隆寺金堂)(出典：工藤圭章『古寺建築入門』岩波書店、1984年の図を加工)

⓰唐招提寺金堂の組物。三手先組物が用いられ、井桁構造から卒業しています

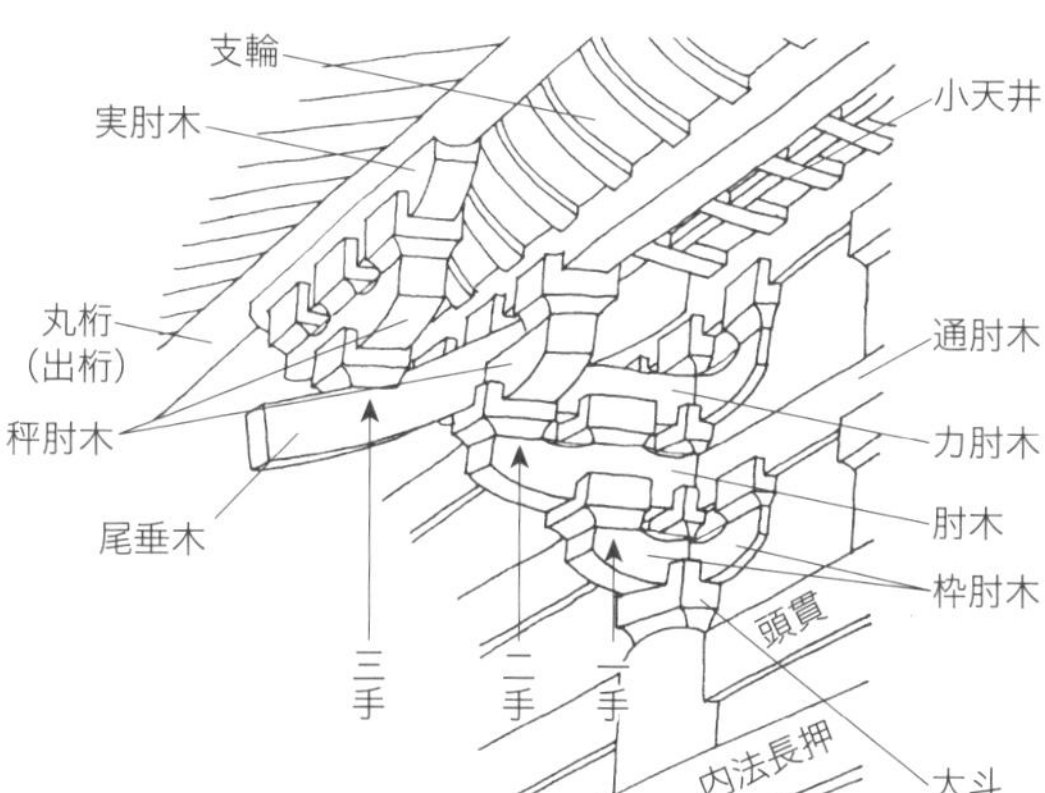

⓱三手先組物(唐招提寺金堂)(出典：工藤圭章、前掲書の図を加工)

う呼ばれます。奈良時代以降の組物の、外に迫り出させた二段分の肘木を一つにしたものに相当します。その上に建物本体から水平に延びてきた肘木をのせ、その端に尾垂木を架けます。尾垂木先端に斗、肘木をのせ、桁を受けます。

垂木は一段から二段へ

このように外方に迫り出された桁の上に垂木が打たれます。奈良時代以降は垂木が二段（地垂木と飛檐垂木）に打たれます[図16]。これに対し、法隆寺では地垂木だけの一段です[図15]。両者の地垂木の長さは七メートル強で同じ寸法です。隅木の長さは垂木のルート二倍ですから約一〇メートルになります。先ほどの項でお話ししたように、一〇メートルは当時使用できた木材の最大長です。垂木の七メートルという長さは、ここから決まった寸法と考えられます。

ところで、柱から軒先までの寸法を「軒の出」を呼びますが、垂木一段の法隆寺も垂木二段の奈良時代以降のものもほぼ同じです。ということは、垂木一段の法隆寺の場合、地垂木は奈良時代以降の飛檐垂木分だけ多く出ていることになります。一方、垂木の軒先とは反対の上端は、建物の一つ内側の柱の上の位置にあります。ここで地垂木先端から柱位置までの寸法と、この柱から一つ内側の柱までの寸法に注目しましょう[図19]。

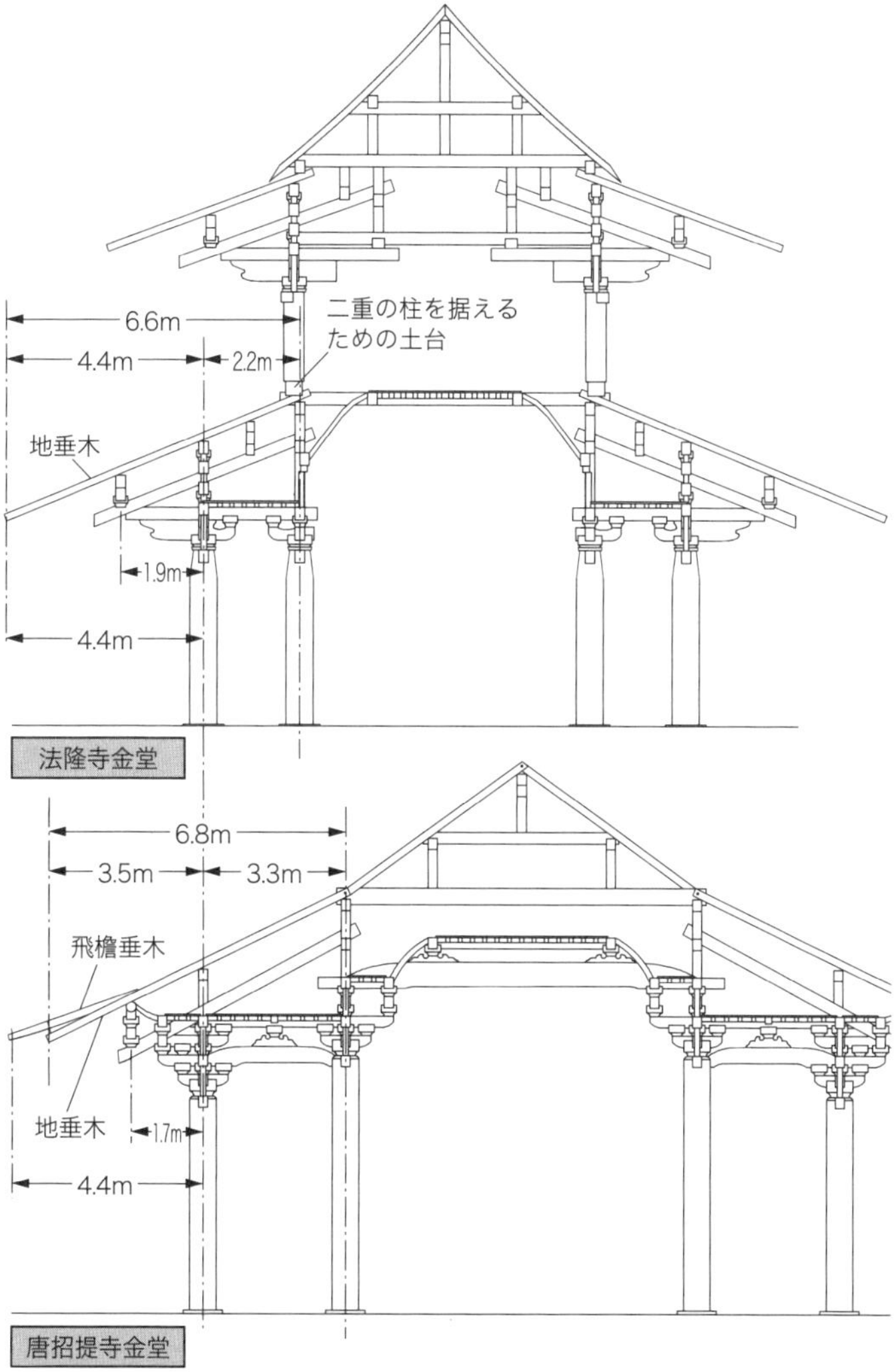

19法隆寺金堂と唐招提寺金堂の組物・軒の比較。両者を同縮尺で、側柱筋を揃えて表示。法隆寺金堂の組物が雲肘木を使う点、軒が一軒である点が、唐招提寺金堂と異なります。両者の軒の出と地垂木の長さはほぼ同じですが、側柱・入側柱間の寸法が大きく異なり、この差は飛檐垂木の出に相当します

具体的に、奈良時代の以降の例として唐招提寺金堂を見てみると、前者の寸法は約三・五メートル、後者が三・三メートルで、ほぼ同じ値を示します。これに対し法隆寺金堂では、前者が四・四メートル、後者が二・二メートルで、二倍の違いがあります。この違いは、唐招提寺金堂が垂木二段であるのに対し、法隆寺金堂が垂木一段であること、これに加え、垂木の長さは七メートルが限界であることから、法隆寺金堂の場合、飛檐垂木の分だけ、外側の柱とその内側の柱の間の寸法を小さくせざるをえなかったのです。法隆寺金堂の場合、このような構造には大きな問題があります。つまり、地垂木先端から柱までの寸法が、この柱から一つ内側の柱までの寸法の二倍もあるため、外側の柱筋の母屋材を支点にして軒先が下がる回転力が働きます。唐招提寺金堂の場合はバランスがとれているので、このような問題は発生しません。法隆寺金堂の場合、この問題を解決するには垂木の内側端に回転力を抑える力（荷重）を加える必要があります。そこで、ここに土台を据えて、二重の柱をのせています。法隆寺金堂が二重の建物であることと軒廻りの納まりは密接な関係があったのです。五重塔、三重塔の塔婆建築においても法隆寺金堂と同じような納まりで、上重の荷重を垂木の尻にのせることで解決しています。

垂木を一段とするか二段とするかの違いには、実は構造的に大きな差があります。二段にすることにより構造力学的に大きな利点があり、同じ軒の出の場合、軒先のたわむ量は垂木二段の方が一段の半分ほどになります。逆に軒先のたわみを同じにするためには、垂木一段の方は二段のものより桁をより外に出す必要があります。実際、桁の出は、法隆寺の方が奈良時代以降のものより多く出していています［図19］。

組物も先ほど述べたように、法隆寺は雲肘木という大断面の材を一段迫り出し、その上の肘木を介して桁を受けています。これに対し、奈良時代以降のものは肘木を二段に出し、桁を受けています。この肘木一段、二段の違いと、先ほどの垂木一段、二段の違いとは、構造的に同じ意味があります。法隆寺に用いられている雲肘木の力強い彫刻は、彫刻自体が目的ではなく、構造上必要な大断面の部材の野暮ったさを解消し、力強く、軽やかに見せるための知恵なのです。

井桁構造からの解放

奈良時代になると、堰を切ったように金堂の規模が著しく大きくなりました。たとえば法隆寺金堂と唐招提寺金堂の平面積を比較すると、一対二・七になります。東大寺金堂に至っては法隆寺金堂の三〇倍近くもあります。これをどう解釈すればよいのでしょうか。

この要因については研究が進んでおらず、はっきりしたことはわかっていませんが、

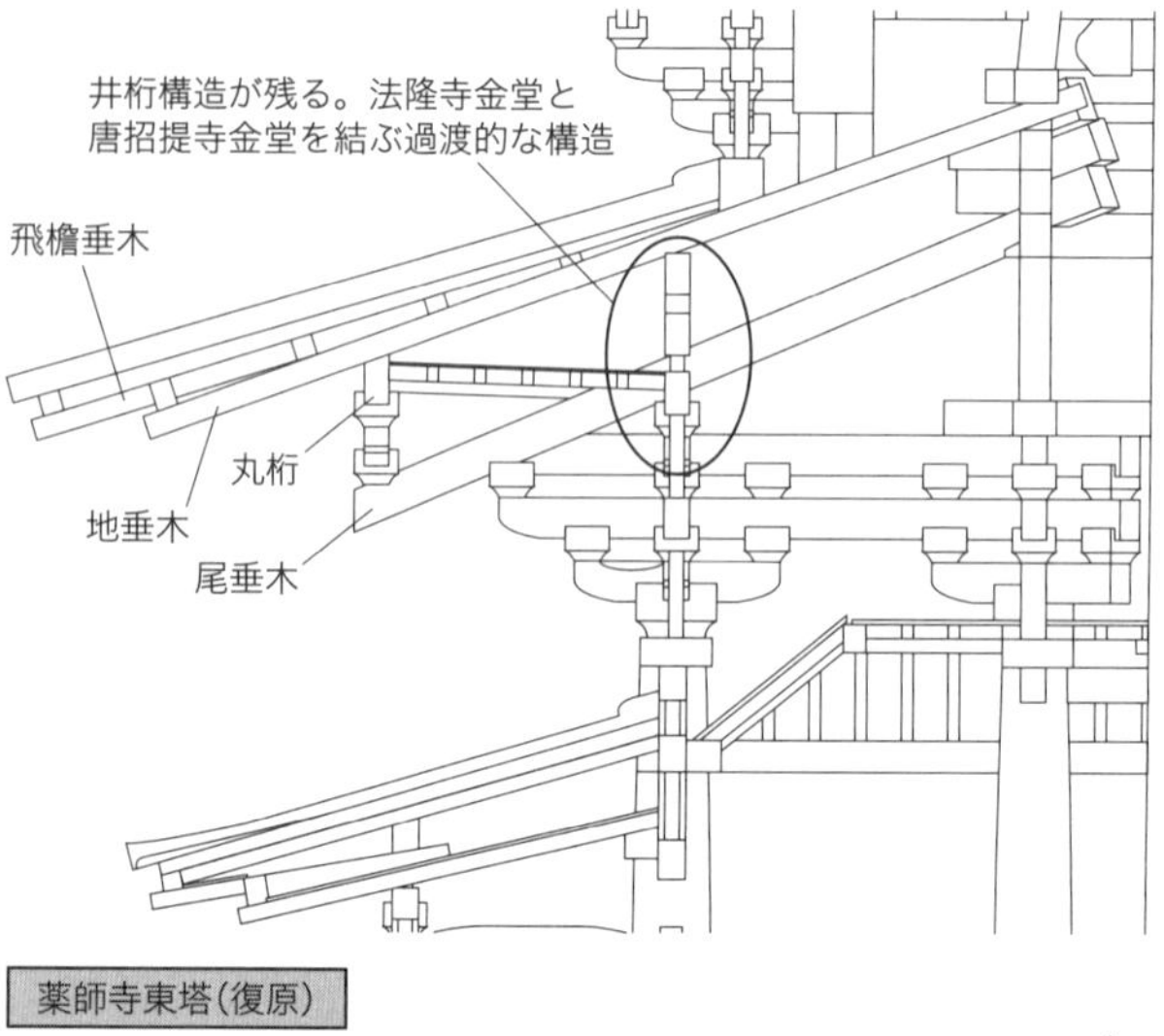

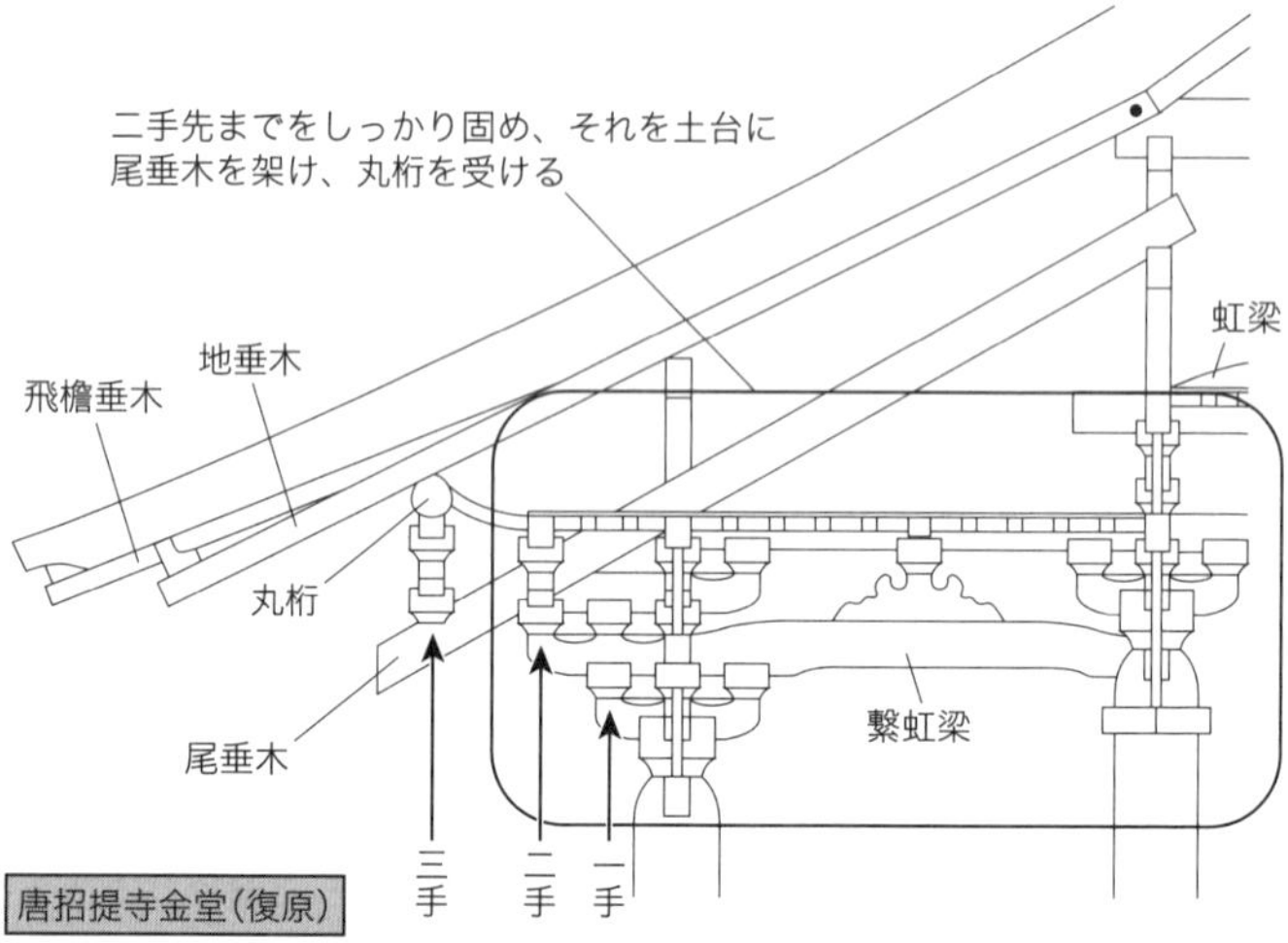

20薬師寺東塔と唐招提寺金堂の組物比較

いくつかの推定を試みてみます。飛鳥時代の金堂の身舎の横方向を連結する通肘木は継手のない一丁材でした。上下の通肘木の間には斗がある点は異なりますが、この構造は校倉の構造と同じです。一方、奈良時代に入り、井桁構造から解放されたことが大きな変革でした。これによって、材料からくる規模の制約が、少なくとも桁行方向ではなくなりました。これを可能にした構造技法の一つに、組物の変化があると考えられます［図20］。唐招提寺金堂における二手先組《ふたてさきぐみ》*を土台にし、各柱筋に虹梁を架け渡す構造はきわめて大きな発明であると考えられます。また、飛檐垂木が加わった二軒《ふたのき》*構造もそれを助けたと考えられます。

このような革新的な構造の変化は、日本国内で徐々に発展したものと見るには無理があるようです。おそらく、大陸より新たな構法が伝来したことによると考えられます。

平安時代における技術的展開

床張りの登場

平安時代になると、特に遣唐使が廃止された八九四年以降、建築において日本の風土あるいは風習に合うよう変化が進みます。仏教もその作法が日本化し、建物も床張りのものが一般的となりました。すでに奈良時代において、東大寺法華堂《ほっけどう》（七四八年頃）など床張りの建物は存在しましたが［図21］、中心的な建物においては土間が基本でした。床張りは人間の入る建物から始まり、一二世紀になると塔婆建築にも床が張られるようになります。一一七一年の一乗寺《いちじょうじ》三重塔（兵庫県）が現存遺構では最古の例です。

天井が構造材から造作材へ

建物に床が張られ、仏事の作法も座式となれば、目の位置が低くなり、内部の空間構成についても、それまでの天井の高い立体的なものより、低平で落ち着いた空間が求められるようになります。それまでの天井と言えば、太い角材を格子状に組んだ組入天井で、伽藍《がらん》*の中心的建物である金堂や塔婆などに用いられ、地震や大風など横力に対抗する水平構面を構成するためのものでした。

平安時代も後半になると、低平な空間をつくりだすため、構造とは関係のない造作材としての天井の出現を見ます。意匠的には従来の構造材としての天井のデザインを採用しながら、部材断面は小さくして、化粧天井として取り入れられました。一一二四年の中尊寺金色堂《ちゅうそんじこんじきどう》（岩手県）、一一六〇年の白水阿弥陀堂《しらみずあみだどう》（福島県）、同じ頃の建立と考えられ

21東大寺法華堂。左が正堂(本尊を安置)、右が礼堂。正堂は奈良時代、礼堂は鎌倉期の再建。正堂は現在土間床ですが、当初は床張りの建物でした。外に廻る縁はその名残です

る富貴寺大堂《ふきじおおどう》（大分県）が早い例です。

軸組から独立した屋根

屋根の形を形成する骨組みを小屋組と言います。三手先組物を持つ建物においては、身舎部分は大虹梁の上に束、梁等で組まれた三角形の部分が小屋組です。三手先でない組物を持つ建物においては、身舎柱、庇柱とも屋根面のすぐ下まで延びています。身舎、庇部分も化粧屋根裏となり、身舎柱と庇柱の高低差と身舎上の梁組によって三角形をつくっています［図7参照］。

一一世紀までは、屋根下地においては発展が見られるものの、小屋組自体には目立った変化はなく、基本的に奈良時代のものと大きな差はありませんでした。

ところが一二世紀に入ると、二つの大きな変化が見られます。一つは、庇部分の屋根瓦を葺くための下地の小屋組化です。奈良時代以前において、付属的な建物は垂木の上に直接土を置き、瓦を葺きましたが、金堂、塔、門などの中心建物は垂木の上に別途下地を設け、土を置き瓦が葺かれました。時代の流れの中で、垂木の上に設けられたこの下地が発展し、構造的にもしっかりしたものになりました。垂木の勾配が緩くなり、垂木と瓦が葺かれる下地面に隙間ができました。法隆寺大講堂《だいこうどう》（九九〇年）は奈良時代の瓦下地から大きく脱却し、小屋組の一部となるまでに発展しました[図22]。この法隆寺大講堂の持つ大きな意味は、野垂木《のだるき》*、野隅木《のすみぎ》*の存在です。これは、屋根のかたちを下の構造とは別途につくれるということを意味するのです。ここにおいて、屋根のかたちは軸組から解放されました。

もう一つの変化は、小屋組を土台にしてその上に新たな小屋組を築くものの出現です。中尊寺金色堂では、入母屋造屋根を土台にしてその上に宝形造《ほうぎょうづくり》*屋根の小屋組を組んでいます。當麻寺《たいまでら》本堂（曼荼羅堂《まんだらどう》）（一一六一年、奈良県）では、内陣、外陣それぞれの小屋組屋根の棟木間に梁を架け、その上に新たな大屋根を架けています[図23]。

構造材であった天井が造作材として使用されるようになり、また垂木も、野屋根《のやね》、小屋組の変化によって勾配を緩くすることが可能となり、天井としての意味合いを持つようになりました。使い勝手、時代の要求から室内空間に変化が求められ、それを成立させるために小屋組も変化していきました。

三手先組物の進化

奈良時代において、①通肘木、桁などの長材は秤肘木《はかりひじき》*あるいは枠肘木《わくひじき》*で受ける、②三手先組物を持つ建物においては、同じレベルの枠肘木間で組入天井を組み込む、など

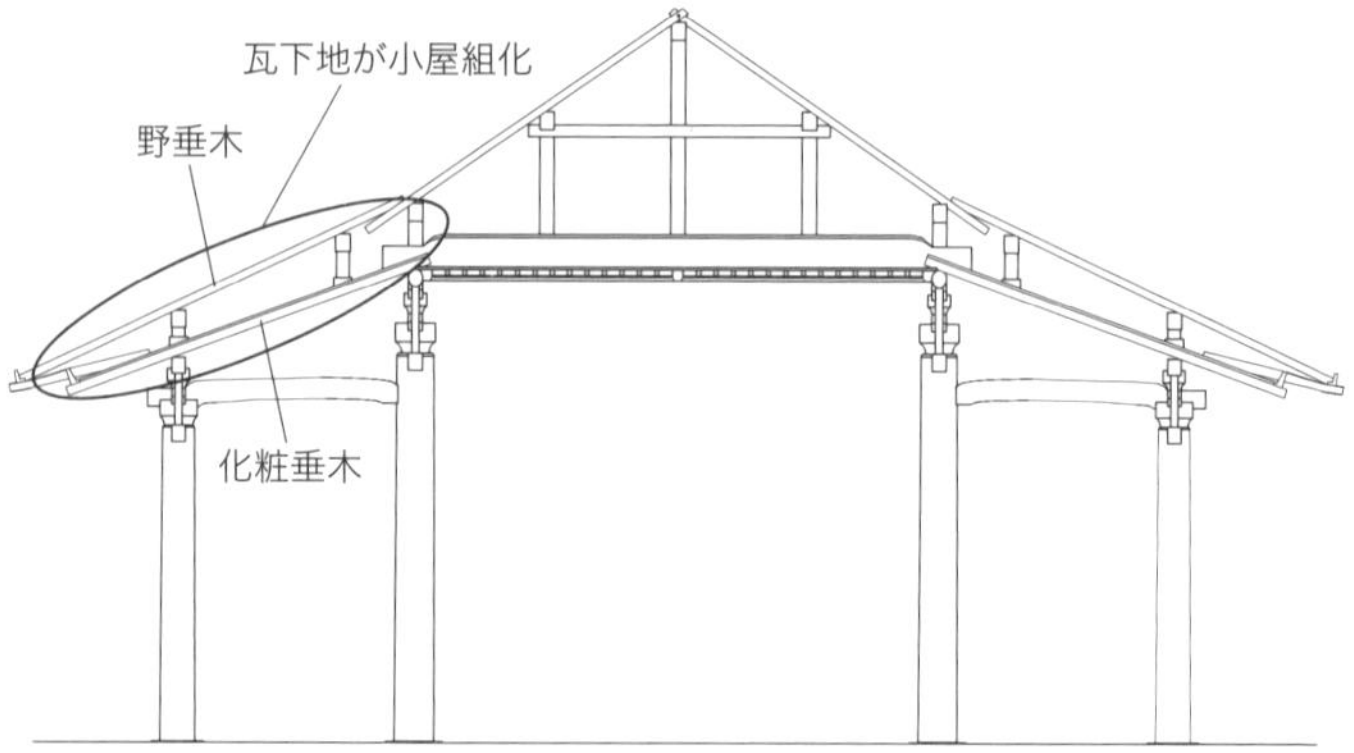

22法隆寺大講堂の断面図。瓦下地が小屋組化し、野垂木が存在します。この構造は屋根のかたちを下の構造に束縛されず設計できます

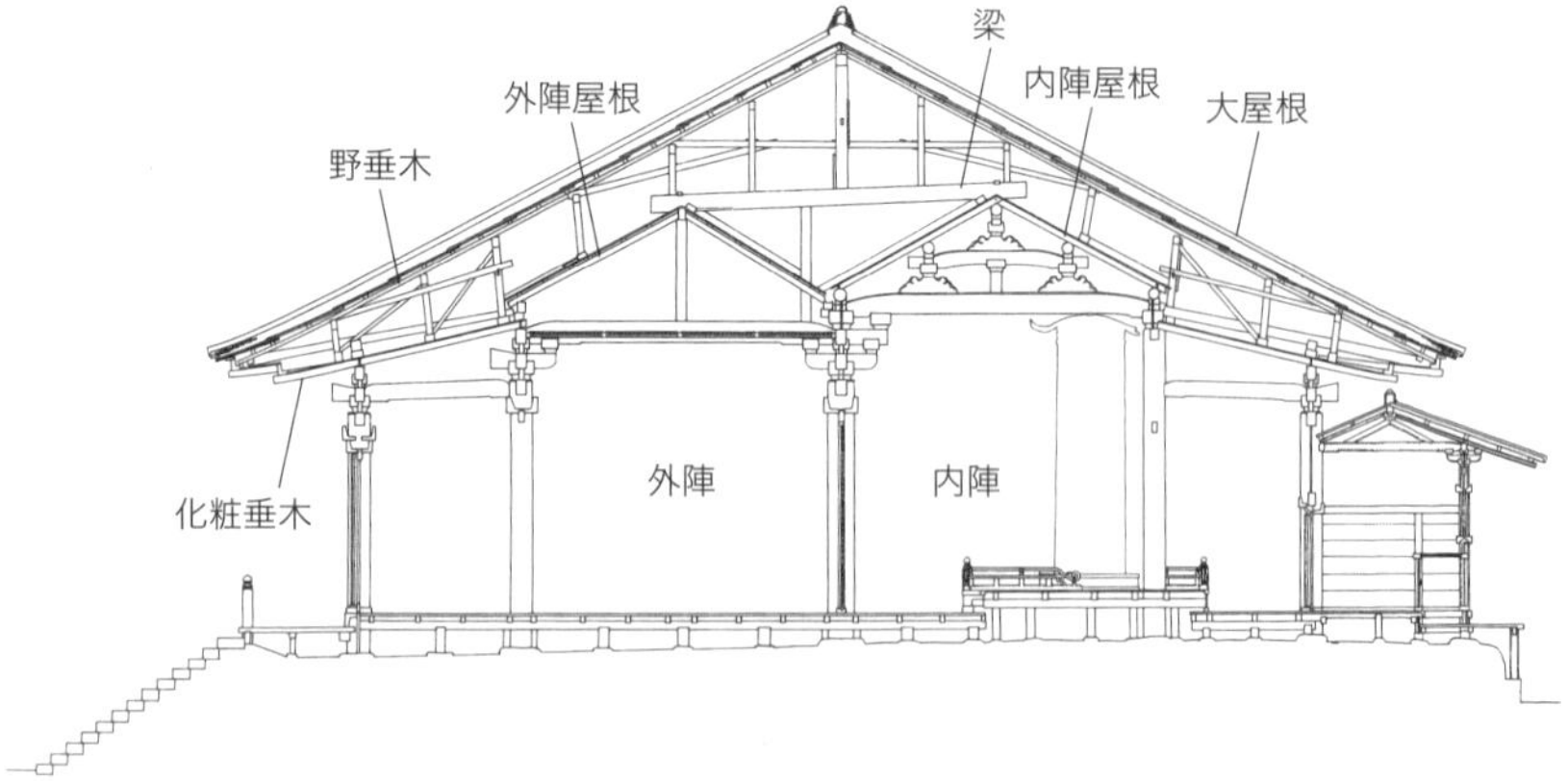

23當麻寺本堂(曼荼羅堂)の断面図。本尊を安置する内陣と礼拝するための外陣が合体し、大屋根が架けられています(出典:奈良県教育委員会編『国宝当麻寺本堂修理工事報告』1960年の図を加工)

の約束事がありました。この約束事が、平安時代を通して徐々に崩れていきます。建物の構造の変化が、これらの約束事を守る必要性をなくしていったのです。つまり、平安時代に入り、床が張られるようになって、柱の足元が固められるようになりました。さらに、建具を吊り込むために取り付けられた長押《なげし》*が構造化し、四周に取り付けられるようになりました。

平安後期になると、出組《でぐみ》*が多く用いられるようになり、中世に入っても組物の代表選手となります。平等院鳳凰堂翼廊《よくろう》(一〇五三年)、白水阿弥陀堂[図24]、金剛寺多宝塔《こんごうじたほうとう》(一二世紀、大阪府)などに見られます。東大寺転害門は、一一九六年に出組に改造しました。出組は、先ほどの奈良時代の約束事に反した組物です。柱筋において通肘木を二段重ねますが、これは奈良時代の約束事の①の長材は秤肘木で受けるという事項に反しますし、垂木の勾配によるのですが、真桁《しんげた》となる上の通肘木の成が下のものと同じでは納まりません。切妻造の建物においては、現状の東大寺転害門のように、妻飾《つまかざり》*が正規の二重虹梁蟇股《かえるまた》*になりません。

平安時代における三手先の変化は、「斗組を三段出す組物」への変化と言えます。奈良時代以前において、肘木の長さは完数(切りのよい数値)としていました。たとえば、

24白水阿弥陀堂。組物は、桁の位置が柱筋から一段外に出る出組。出組は平安後期から多用されるようになりました

法隆寺東院伝法堂の肘木の長さは九尺、同寺食堂のものは五尺です。醍醐寺《だいごじ》五重塔（九五二年、京都府）では、一手、二手の手先肘木*は長さが完数です。手先の出は一見完数で設計したように見えますが、副次的なものと考えられています。ただし、二手と三手の間隔は、肘木とは関係なく、尾垂木との関係で決められています。約一〇〇年後の平等院鳳凰堂になると、これまで見られなかった画期的な手法がとられました。手先間隔を完数にしているのです。ただし、依然として壁付においては肘木長さを完数にしています。手先間隔を完数にしたことは、隅での納まりを改善することを目的としたもので、隅の組物においては二手目も三手目も肘木は隅の平組物と一体となり、さらに二手目の肘木を隅で延ばし、その上に置かれる斗は三手目の肘木を受けています。ここにおいて、以後現在まで続く三手先の形式が完成したのです。

この斗間を完数とする手法は、三手先以外の組物においても見られるようになります。実例として、石山寺《いしやまでら》本堂（一〇九六年、滋賀県）、白水阿弥陀堂で確認されています。

このような材長を基本とする設計法から材と材の間隔を基本とする設計法への移行は注目すべき点で、これが中世の垂木間隔を基準とする枝割制《しわりせい》*を生み出します。

中世―技術の昇華、構造のダイナミックな展開

鎌倉期の建築ラッシュ

一一八〇年、平重衡の南都焼き討ちによって、奈良時代創建の東大寺と興福寺の大伽藍は大半を失ってしまいます。ただちに伽藍の復興が始まりました。二大寺院では槌音《つち》が中世の幕開けを告げたのです。またこの頃は、奈良時代に建てられた建物が、築後約四〇〇年を過ぎ、老朽化が進み、根本的な大修理あるいは建て替えの時期を迎えていました。たとえば、法隆寺の東院では夢殿《ゆめどの》(七三九年)が新築に近い改造を受け、舎利殿《しゃりでん》絵殿《えでん》(一二一九年)、礼堂《らいどう》(一二三一年)、廻廊(一二三七年)などが建て替えられました。鎌倉時代は、日本の歴史の中でも屈指の建築ラッシュの時代となりました。奈良の古寺を訪

ねて、奈良時代の建物と鎌倉時代の建物が多いのは、こういう事情があったからです。ちなみに次の建築ラッシュは、さらに四〇〇年後の一六〇〇年前後、つまり桃山から江戸時代初頭です。さらに四〇〇年後はちょうど現在で、建築が鉄筋コンクリート造や鉄骨造へと移行する時期となり、伝統木造建築にとっては危機的状況となってしまいました。

東大寺転害門修理に見る中世の幕開け

東大寺では、先述したように、一一八〇年の平重衡の南都焼き討ちによって、金堂、講堂をはじめ中心伽藍は灰燼《かいじん》と帰しました。災難を免れたのは、法華堂、正倉院正倉、転害門など周辺部にあった建物だけでした。早速、大勧進《だいかんじん》（大規模な寺社・仏像の造立・修理にあたる僧）に任命された重源上人《ちょうげんしょうにん》のもと復興が始まり、一一九五年三月一二日に金堂が竣工、一二〇三年には中心伽藍が完成しました。その後もその周りの建物の復興が続き、一三世紀中頃には一段落したようです。

金堂の竣工式は、当時の天皇、将軍も参列する一大イベントでした。竣工式の入口として、東大寺の西面に開く三つの門のうち北端の転害門が選ばれました。老朽化した箇所の修理はもちろん、組物を平三斗《ひらみつど》*から出組とし、格段に立派な建物に改築しました［図25 26］。

筆者は一九九八年、奈良国立文化財研究所に勤めていた頃、東大寺転害門について小屋裏にもぐるなど細部に至る調査の機会に恵まれました。その結果、鎌倉期の組物を平三斗から出組にする改造の詳細を把握することができました。またその成果から、改造の歴史的意味等についての新知見を得ました。

平三斗は柱上に大斗をのせ、その上に肘木、斗をのせ、桁を受けます［図35参照］。出組は桁を外に一段出す組物形式です。東大寺転害門の場合、図27に示すように、大斗にのっていた虹梁を一段上に上げ、その下に十字に組まれる肘木を入れました。ここで注目してもらいたいのは、当初、大斗の上にあり虹梁と組み合っていた肘木です。虹梁と組み合わせるために下半分に欠き込みを入れてあります。これに対して、改造後の肘木は上半分を欠き込んであります。これには構造的理由があって、外方向に出される肘木は欠き込みを下半分にする必要があるのです。このため、この肘木と組み合う肘木の欠き込みは上半分となり、改造前に使われていた肘木はこの位置には使用できなくなりま

25東大寺転害門（出典：奈良文化財研究所編『国宝東大寺転害門調査報告書』2003 年）

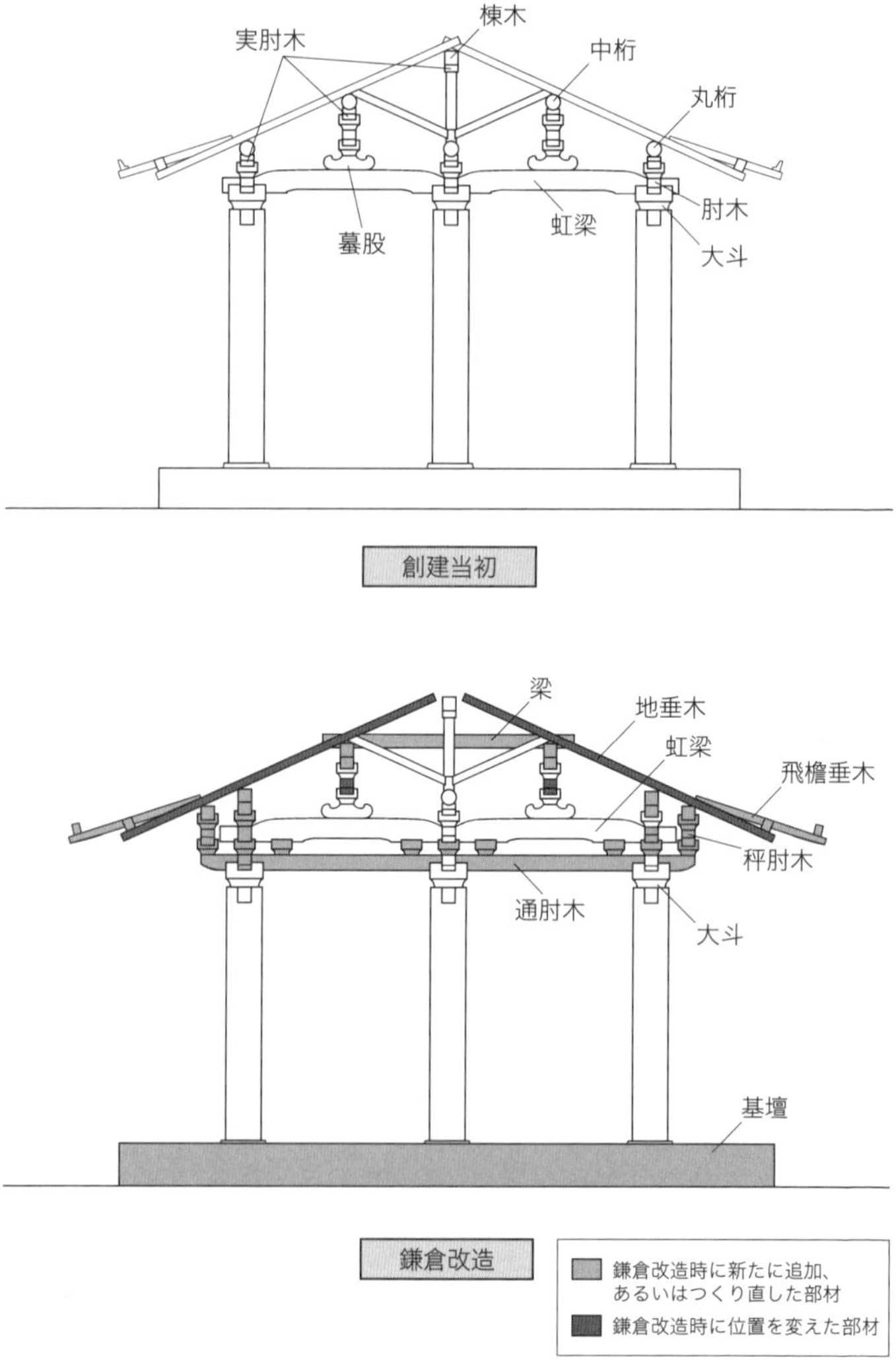

26東大寺転害門の鎌倉改造の内容

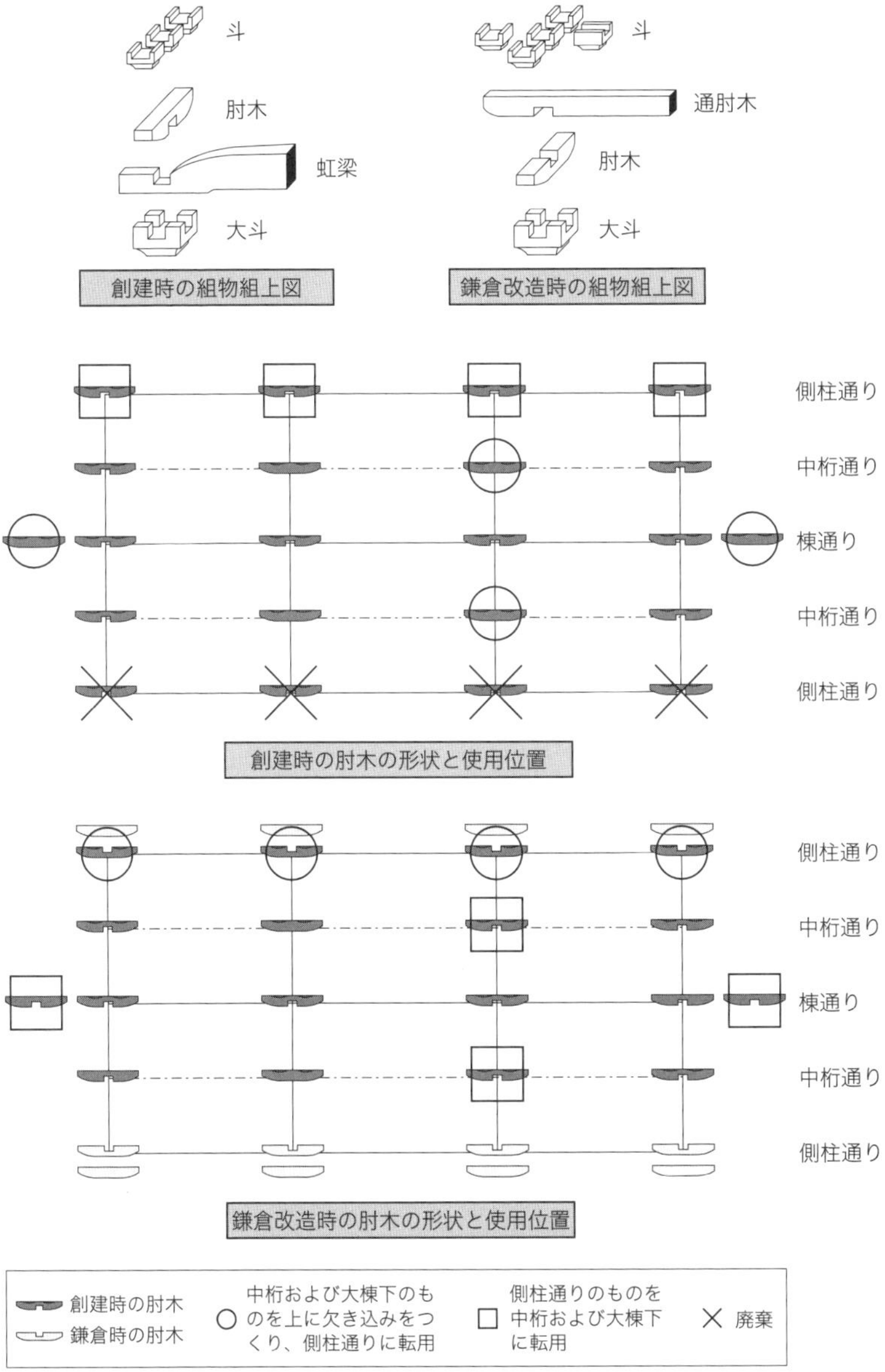

27東大寺転害門の鎌倉改造時における組物改造の状況

した。そこで、正面側の肘木は新たにつくり、背面側の肘木は二重虹梁のうち下の虹梁の中央にのる中桁通りの肘木（他の材と組み合わないので欠き込みはない）を転用しました。そしてここには再利用できなくなった下半分に欠き込みのある肘木を転用しました。さらに正面側の斗と桁は、次の項で述べる金堂再建に用いられた、新様式・大仏様の形式を採用しました。背面側は新様式を採用することはなく、他の場所から材を転用するなどして納めました。

出組で最も古い遺構は、七四二年の東大寺法華堂です。しかし、疑問の点が多く、当初からこの形式だったか定かではありません。この次に見られるのは約四〇〇年後、一一六〇年の白水阿弥陀堂です。その次は平安後期の金剛寺多宝塔、一一九四年の石山寺多宝塔、一一九五年の東大寺転害門と続きます。その後も引き続き見られ、組物の中でも主要な位置を占めるまでになります。

東大寺転害門の鎌倉期の改造は、金堂など鎌倉期再建に採用された新様式・大仏様を取り入れながら、その後一般化する出組に改造するという、中世の幕開けを象徴する改造と言えます。

大陸から輸入された新建築技術

大仏様

東大寺の復興にとって、重大な問題がありました。一つは巨額な経費であり、それを出資してくれるビッグスポンサーがいないことでした。もう一つは、金堂などの巨大建築の構造をどうするかということでした。天平《てんぴょう》創建の金堂は竣工後まもなくして軒は下がり、乱れ、建物が歪み、支柱が必要な始末となりました。再建にあたり従来の構造は採用できません。さらに、柱や梁等の長特大材をどうやって調達するかという問題もありました。金堂は直径一・五メートルもの柱が数十本も必要です。飛鳥、奈良時代の建築ラッシュで、近畿一円の山からはこのような檜の大材がほとんどなくなっていました。

こうした困難な復興の責任者に任ぜられたのが重源上人でした。資金面では、積極的に全国を回り、勧進（寄付を集める）を行うとともに、山に入り巨大な檜を探しました。幸い、適当な檜は周防国《すおうのくに》（現在の山口県）で調達できました。残る問題、巨大建築にふさわしい建築構造をどうするか。過去に中国を訪れた経験のある重源上人は、中国の建

㉘東大寺南大門の外観

㉙東大寺南大門の内部。柱に貫が何段も通されて軸部を固めています。また貫は外に突き出して深い軒を支えています

30永保寺開山堂の外観。扇状に配された垂木、軒下を埋め尽くす組物、きれいな透かしのある建具など、典型的な禅宗様の建築

31 永保寺開山堂の内部。大梁を渡して柱を省略するダイナミックな架構、建物の中心に集まる垂木、その下に埋め尽くされた組物、禅宗様の素晴らしさが凝縮されています

築技術を取り入れることにしました。従来の建物の構造は、柱の上に組物を組み、その上に三角形の小屋組をのせるものでしたが、重源上人が採用した構造は、柱を屋根のすぐ下まで延ばし、柱をまるで鳥かごのように串刺しにして軸部を固め、軒を支えるものでした。この様式は、金堂（大仏殿）に採用されたことから、「大仏様《だいぶつよう》」と呼ばれています［図28 29］。東大寺では、金堂以外に、南大門《なんだいもん》（一一九九年）、法華堂礼堂（一一九九年）、開山堂《かいさんどう》（一二〇〇年頃）等にも採用されました。

しかし、大仏様はあまりにも豪壮すぎて、日本の職人には馴染みませんでした。重源上人が亡くなると急速に衰退し、その後の巨大建築の一部に採用されたにすぎません。

禅宗様

中世に入り、新たな仏教が伝来しました。禅宗です。仏典とともに建築技術も輸入されました。この建築様式は、禅宗建築に用いられたことから「禅宗様《ぜんしゅうよう》」と呼ばれ、「大仏様」や奈良・平安時代を通じて日本化した「和様《わよう》」と区別しています。軸部は、柱に貫《ぬき》*を通して固められ、長押は使用しません。組物は柱上だけでなく中間にもあり、大変にぎやかです。軒には屋根を支える垂木が扇状に配されます。また、曲線材や彫刻類も多用され、装飾豊かな様式です［図30 31］。それまでの日本になかったまったく新しい様式ですが、中国的でない、つまり日本的な技法も多く見られます。たとえば、壁が板壁であること、屋根葺材は植物性のものが多いこと、素木造のものが多いことなどです。

この様式の誕生の経緯については、鎌倉期の建物がほとんど残っていないため、よくわかっていません。この様式が中国からの直輸入なのか、あるいは初期の様式が日本の風土に合うように改良されていったのか。筆者は、鎌倉期にいろいろな様式が入ってきて、これを取捨選択して独自の様式をつくりあげたのではないかと考えています。禅宗様は大仏様とは対照的に、日本の建築界に取り入れられ、禅宗寺院に限らず、他の宗派の建築にも影響を与えました。中世建立の現存建物としては、安楽寺《あんらくじ》八角三重塔（一二九〇年代、長野県）、功山寺仏殿《こうざんじぶつでん》（一三二〇年、山口県）、善福院釈迦堂《ぜんぷくいんしゃかどう》（一三二七年頃、和歌山県）、永保寺《えいほうじ》開山堂（一三五二年、岐阜県）、円覚寺《えんがくじ》舎利殿（一五世紀初め、神奈川県）、正福寺地蔵堂《しょうふくじじぞうどう》（一四〇七年、東京都）などがあります。

貫の使用

大仏様、禅宗様共通の技法に貫があります。柱間に貫を貫き、軸部を固めます。貫の使用は、構造的に非常に有効です。それまでは、太い柱と土壁、柱の内外に打たれる長押で、地震、大風等の横力に対処してきました。貫の出現によって、太い柱や土壁、長押は必須の構造材ではなくなりました。構造の革命と言っても過言ではありません。飛鳥、奈良時代において、特に京都、奈良周辺の山から建築用材はほとんど伐採し尽くされた状態で、太い柱を手に入れることは至難の業でした。このような建築界において、貫の出現は願ってもないことでした。貫構造はすぐに和様の建築にも取り入れられました。現存建物では、興福寺北円堂《ほくえんどう》（一二一〇年、奈良県）が早い例です。貫によって構造的に強化された反面、古代のように木太い建築は減少しました。

古代からの脱皮

古代における建築は、単純明快で、構造的あるいは機能的な役割がそのままかたちになっていました。各部材はそれぞれの役割を分担し、見せ掛けだけのものはありませんでした。これが平安時代を通じて少しずつ変貌していきました。

最も大きな変貌を遂げたのは、軒の部分でした。瓦葺きの建物において、瓦の下地材に太い材を用いることで軒を支える垂木の役割を分担するものが出てきました。具体的には、垂木の上に置かれた材の上に登り梁*がのり、軒先まで迫り出しました。この上に屋根下地をつくります［図32］。これによって、垂木は構造的に非常に楽になりました。中世になると、垂木と屋根下地材の間の隙間に丸太材を挿入し、テコの原理で軒を跳ね上げる工法が出現しました。この丸太材のことを桔木《はねぎ》と言います［図33］。

裏方の出現によって、垂木を細くすることができました。垂木は大量の数が必要でしたから、資材確保の面からも、建築費節約の面からも、また貫によって細くなった柱との意匠のバランス面からも都合がよいことでした。

最初は補強の役目を持つ裏方だった桔木が、次第に荷重の多くを受け持ち、垂木はますます装飾材と化します。近世になるとますます拍車がかかり、垂木はあたかも天井材のような扱いになってしまいます。

このような桔木などの裏方の材の出現は、その後の建築の運命を大きく変えました。ここにおいて、わが国の建築は、中国、朝鮮などの大陸建築とはまったく別の道を歩むことになります。

32教王護国寺慶賀門(京都府)の小屋組(出典:東寺宝物館編『東寺の建造物　古建築からのメッセージ』1995年の写真に加工)

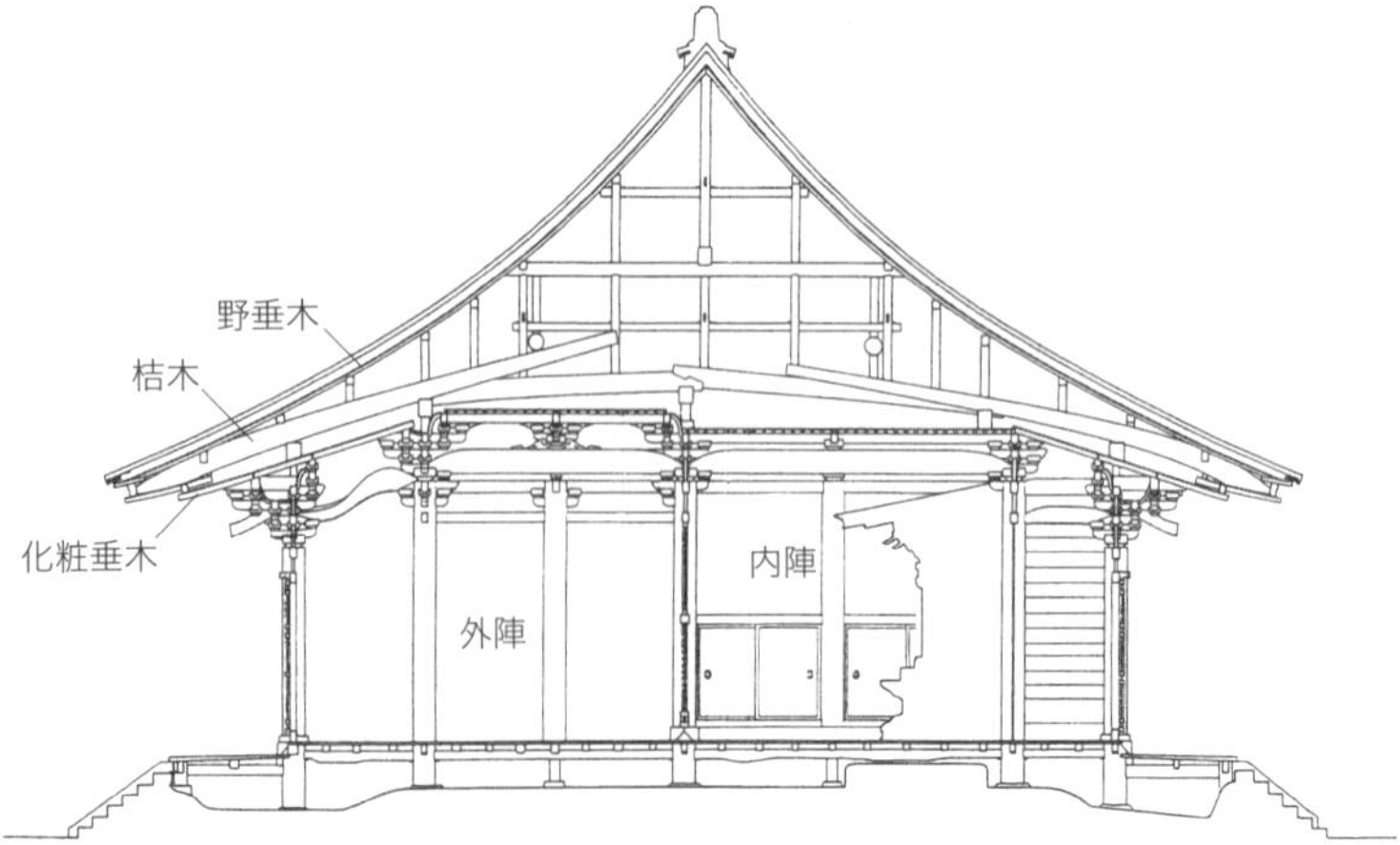

33鶴林寺本堂(兵庫県)の断面図。桔木が入り、軒を補強しています(出典:鶴林寺本堂修理委員会編『国宝鶴林寺本堂修理(屋根葺替)工事報告書』1969年の図を加工)

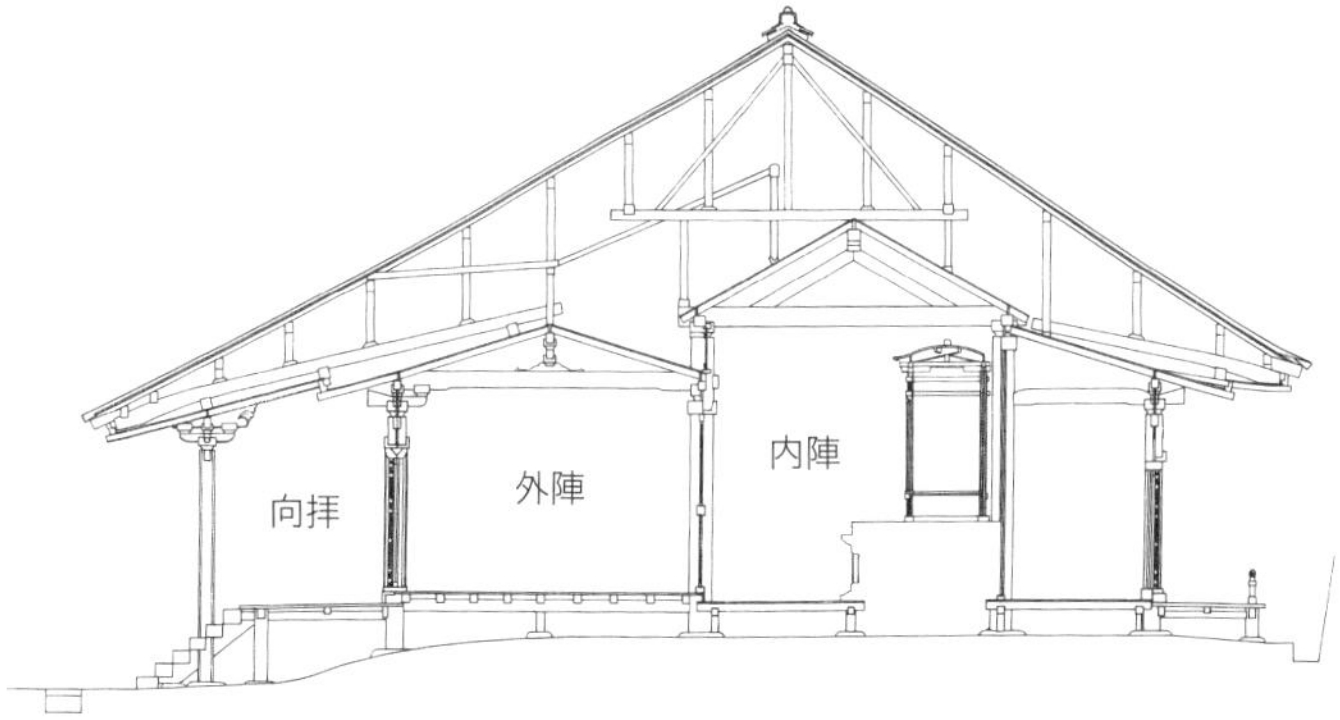

34長寿寺本堂の断面図。仏像が安置される内陣部分と礼拝する外陣部分が合体し、大屋根が架けられていることがよくわかります（出典：滋賀県教育委員会編『重要文化財長寿寺弁天堂修理工事報告』1957年の図を加工）

金堂から本堂へ

仏が納められた建物は「金堂《こんどう》」と呼ばれました。金箔を押され金色に輝いた本尊が安置された建物だったからだと言われています。古代においては、仏のための建築とそれを拝むための建築は別々に建てられました。

一二世紀頃になると、金堂とその前に立つ礼拝建物が一体化し、一つ屋根の下に入るようになりました。図34は長寿寺《ちょうじゅじ》本堂（鎌倉時代初期、滋賀県）の断面図ですが、二つの建物が一体化したことがわかります。中世に入ると、これが一般化します。この変化に伴い、建物の呼称も「金堂」から「本堂」へと変わりました。人が入る本堂には床が張られますから、建物の周囲に縁が廻されました。ここに、現在まで続く本堂の外観が誕生しました。

加工技術の進歩

中世に入って、貫の出現などいろいろな技術の変革によって建物全体の木割*が細くなりました。そうなると、今度は新たな問題が発生します。材料が太かったうちは、材料の寸法に多少ムラがあっても気にならなかったのですが、細くなると、ムラが目立ちます。特に几帳面な性格の日本人にとっては我慢ができなくなり、木材を加工する技術の進歩を促します。古代のように加工が容易な檜を入手することはきわめて困難であって、松などを使用せざるをえませんでしたから、この方面からも加工技術の進歩が求められました。

古代にはノコギリは縦挽き（木材の繊維方向に切断）はなく、横挽き（木材の繊維方向に直交して切断）しかありませんでした。したがって、木材を所定の長さに加工するにはノコギリを用いましたが、所定の断面に加工するには楔《くさび》やノミなどを用いて割っていました。表面の最終仕上げは大きなナイフ状の槍《やり》ガンナで行いました［第2章図14 15参照］。したがって、加工精度にも限界があり、真っ平らではなく笹葉状の削り跡が残りました。

中世も後半になると、縦挽きのノコギリ、台ガンナ（現在、使用されているカンナ）が発明されました。加工精度が格段に高くなり、それに伴い、継手、仕口もその種類が増し、現在使われているものの基礎ができあがりました。

設計法の変化

貫の出現で柱が細くなり、桔木等の発明により垂木は細くなりました。当然、組物も小さくなりました。また、古代の構造のルールも軽視されるようになりました。たとえば通肘木は秤肘木あるいは枠肘木で受けること、虹梁は大斗が受け、桁は三斗が受ける、といったことは気にしなくなりました。このようなことから、鎌倉期に入って新しい組物形式が生まれました。「出三斗《でみつど》*」です。これは大斗の上に枠肘木がのり、その上に虹梁と桁がのります。つまり、虹梁と桁が組み合います［図35］。これによって新たな配慮

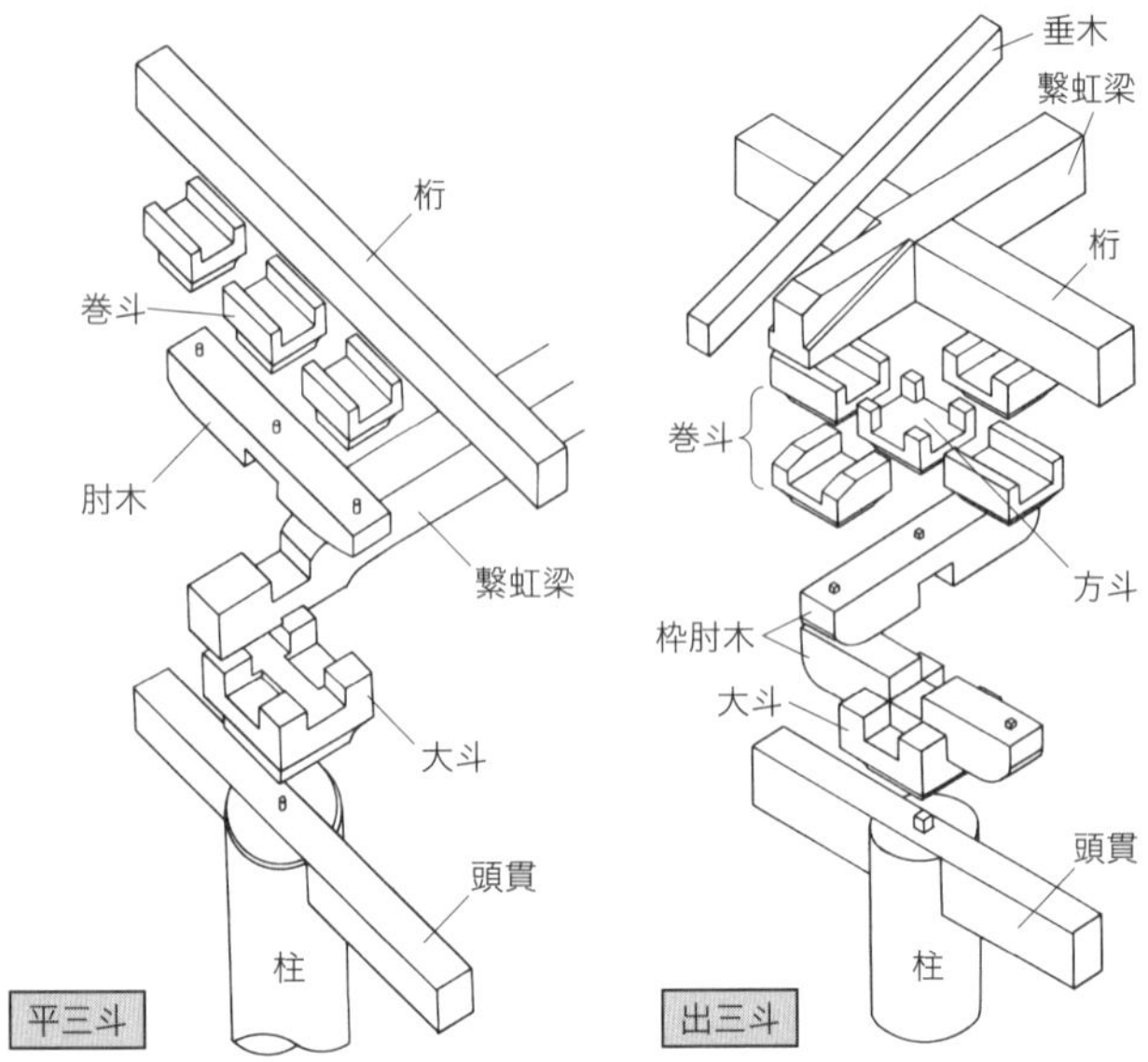

35平三斗と出三斗（出典：日本建築学会編『日本建築史図集』彰国社、1980年の図を加工）

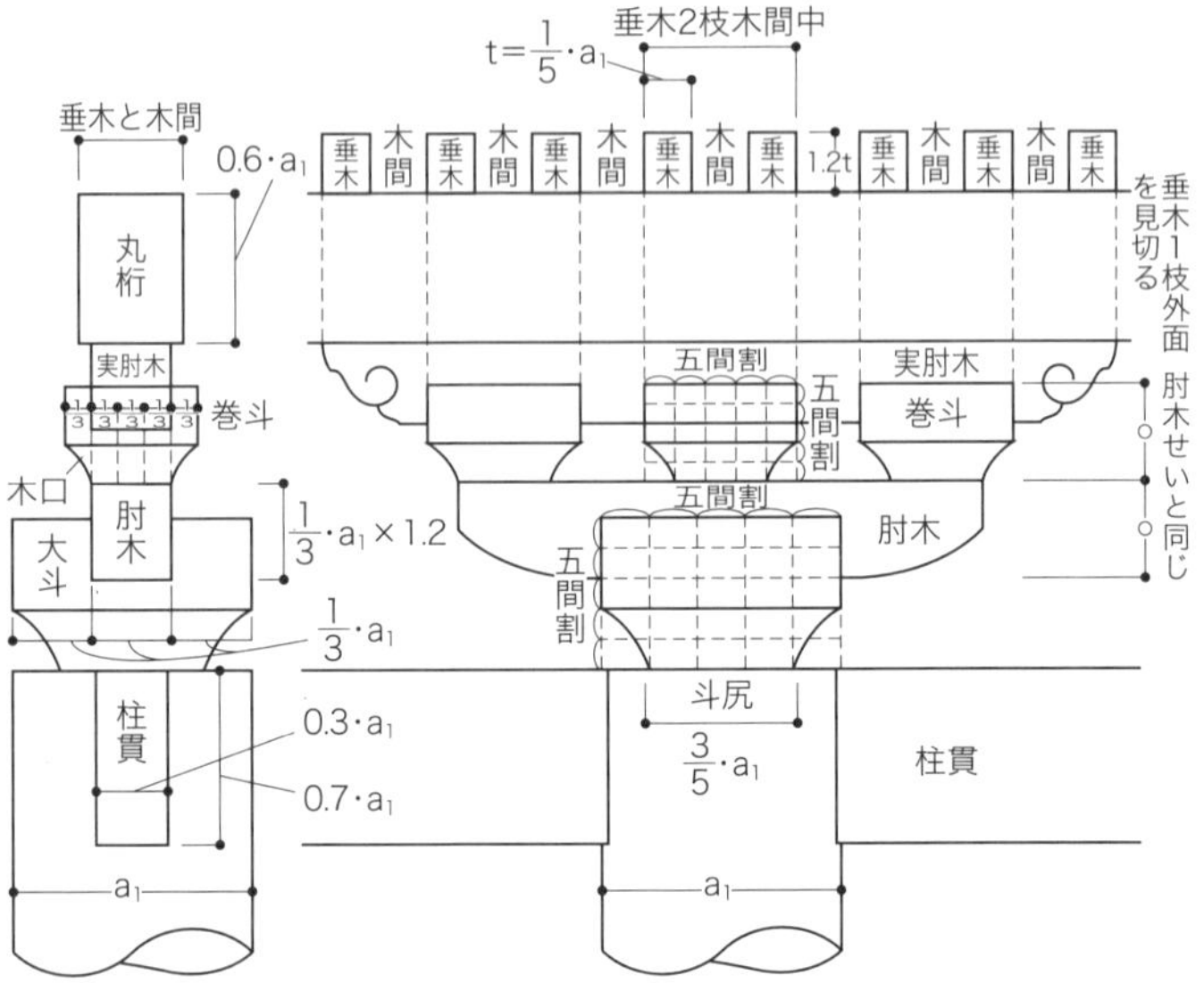

36『匠明《しょうめい》』（江戸幕府大棟梁の平内家伝来の木割書）に記された六枝掛。軒と組物部材の寸法、比例を細かく規定しています（出典：伊藤要太郎『匠明五巻考』鹿島出版会、1971年より作図）

が必要となりました。それまでは、垂木は桁長を垂木の数で割って配ればよかったのですが、出三斗の場合、柱位置で梁が組み合うので、垂木は柱間ごとに割り付けることが必要となりました。柱間隔がみな同じであれば問題ないのですが、異なった場合、垂木間隔が柱間ごとで異なってくる場合が出てきます。几帳面な日本人はこれを許せませんでした。この解決策は、それまでの設計法とはまったく異なるものでした。まず、垂木の間隔を決め、これに一間に配る垂木数を乗じて柱位置を決めます。これを「枝割」と言います。この方法によって、柱間隔は○尺○寸○分といった切りの悪い寸法となりました。この技法は、これ以降現代まで続いています。

日本人の几帳面さはこの程度では収まりません。垂木の下に桁、その下に三斗がありますが、各部材が細くなったことから、比例関係に統一感を求めました。その到達点が図36に示したような納まりでした。斗の上に垂木が二本きちんと納まるようにしました。このため、古代において原則として上から見て正方形だった斗が、桁行方向に長い長方形になりました。この技法は三斗の上に垂木が六本配されることから、「六枝掛《ろくしがけ》」と呼ばれています。

近世──装飾・荘厳性・経済性・ディテールの追求

城郭《じょうかく》建築＊、霊廟《れいびょう》建築＊のほか、江戸時代の後半には芝居小屋ができるなど、建物が多様化しました。また、町屋や農家など一般大衆の住宅は相変わらず掘立柱の建築でしたが、豪商や庄屋クラスの住宅は礎石立《そせきだて》＊で長持ちする住宅を建てるようになりました。

六世紀に大陸から伝わった建築技術は、次第に国風化するとともに技術的にも大きな発展を遂げ、鎌倉・室町時代には、構造技術的な面においてはほぼ完成の域にまで達しました。これを引き継ぐ近世においては、中世に始まった、構造を受け持つ材と見せ掛けだけの材（化粧材）の分離がますます進むとともに、彫刻・塗装による装飾が著しく発展しました。また、設計、施工技術の進歩に伴い、そして、工事の入札・請負制度＊が始まったことにより、生産性の向上や省力化を追求する動きが顕著になりました。

細部の納まりに対するこだわりも、加工技術の進歩に伴い、ますます進みます。木材の加工や継手・仕口の精度の向上はもちろんのこと、これまで無頓着であった屋根に大きな関心が注がれるようになります。新たな種類の屋根材が生み出され、今日見られる流麗な檜皮葺や柿葺《こけらぶき》*の葺き方もこの時代に完成しました。

組物・軒廻り材の化粧化

中世において、構造的役割を持つ部分と見せ掛けだけの材（化粧材）に分離したことは先ほど述べました。この動きがますます進み、江戸時代も後半になると、柱と軒・小屋組の間にあって荷重伝達の役目を持つ組物は、柱が直接、桁や小屋梁を受けることにより、構造的役割をなくし、装飾材となります。また垂木も、その裏側にある桔木等の材に構造的役割を譲り、天井のような装飾材になりました。

図37は、岡山県にある江戸末期に建てられた備中国分寺五重塔《びっちゅうこくぶんじ》（一八四四年頃）です。わが国の伝統的な重層建築には通し柱はなく、一層ごとに構造が完結し、それを積み木のように積み重ねる工法をとっています。具体的には、柱などの軸部を組み、組物をのせ、その上に小屋、垂木を組み上げます。この上に土台を据え、上の重の柱を立てます。

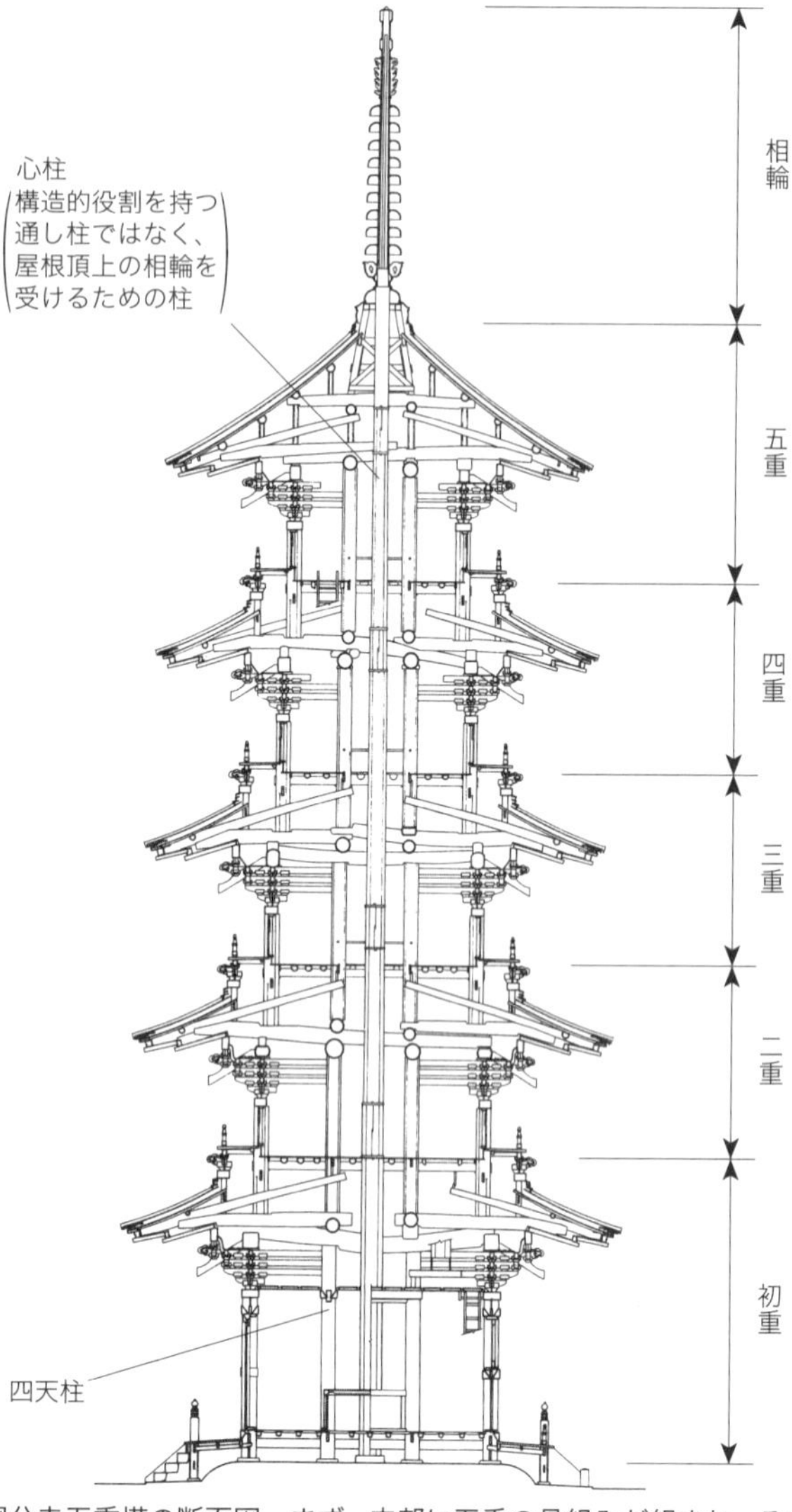

37 備中国分寺五重塔の断面図。まず、内部に五重の骨組みが組まれ、その外に組物、軒が付加される構造になっています（出典：㈶文化財建造物保存技術協会編『重要文化財備中国分寺五重塔保存修理工事報告書』1994年の図を加工）

これを繰り返して重層建築を組み上げます。しかし近世になると、先に述べたように、組物や軒廻り材が装飾材となり、主構造とは分離されました。組立てもこれを反映して、備中国分寺五重塔では、建物の中心部の軸組を五重に積み重ね、そこに組物、垂木などの軒廻り材を貼り付ける構造になっています。現代建築で言う、カーテンウォール工法*と同じです。

彫刻・塗装による装飾

天下統一の偉業を果たした豊臣秀吉、徳川家康を称えるとともに、権力を誇示するために、豊国廟《ほうこくびょう》（一五九九年、京都府）や東照宮《とうしょうぐう》（一六三六年、栃木県）といった、彫刻や彩色で彩られた絢爛豪華な霊廟建築が誕生します［図38］。「日光見ずして結構ということなかれ」という言い回しは、その様子をよく表しています。桃山時代と言うと、豪壮な彫刻で埋め尽くされた建築をイメージする人が多いのですが、彫刻を多用し始めるのはそれより三〇年ほど後の三代将軍・家光の時代です。それはともかく、彫刻、塗装による装飾は霊廟にとどまらず、社寺建築にも広がりを見せました。柱の頂部に獅子の彫刻が取

(上)38東照宮陽明門

(下)39東照宮陽明門の柱の地紋彫り

(出典：近藤豊『古建築の細部文様』光村推古書院、1989年)

り付いたり、蟇股内に立体的な彫刻が付きました。これらは付加的なものが彫刻化した例ですが、さらには構造材そのものが彫刻化するものも現れました。柱や梁に地紋彫《じもんぼ》り*といって模様が彫られるのは序の口で［図39］、梁が龍の彫刻になったものまで現れます。

現場合わせの仕事の減少、生産性重視へ

法隆寺金堂の柱がエンタシス*であることはよく知られていますが、昭和修理の時の調査によると、柱を立てた後で、エンタシスの曲線を調整していることがわかりました。古代においては、隅の垂木の打ち付けは現場で調整して、かたちを整えています。また、軒の線を美しくするために、隅の柱の高さをわざわざ他の柱より高くしています。程度の差はありますが、このような仕事は中世まで継続します。

近世になると、規矩術《きくじゅつ》*の進歩によって、現場合わせの仕事は減少しました。また、隅の柱を高くしたり、軒において軽やかでのびのびした感じを持たせるために施された垂木の反り上がりはなくなり、直材（直線の垂木を業界用語で「棒垂木」と言います）になりました。感覚重視の現場合わせの仕事は減り、生産性重視の建築へと変化していき

ました。

この要因について、建築における彫刻や彩色など装飾的な部分の比重が高くなったこと、近世に入って始まった入札・請負制度による手間や材料等の省力化などが考えられます。

屋根への関心の高まりと新仕様の開発

中世までの屋根材と言えば、瓦、檜皮、板、茅などでした。これが近世に入り、いくつかの発明がありました。一つは、城郭建築や霊廟建築などに用いられるようになった銅板や鉛板などの金属板葺です。金属板は、今日では想像できないほど高価なものでした。為政者の権力を誇示する目的で考え出されたものと思われます。もちろん、金属加工技術の進歩が背景にあったことは当然です。

今日、民家の屋根に見られる桟瓦《さんがわら》*も、江戸時代に発明されました。寺社に見られる本瓦葺は、大変重量があり、しっかりした軸組を持った建物でないと葺けません。桟瓦は重量の軽減に成功したもので、一般民家にも使用できるようになりました。当時深刻

40檜皮葺の施工状況。長さ約75センチメートルの檜の皮を約1センチメートルずつ上にずらしながら葺き上げていきます(出典：㈶文化財建造物保存技術協会企画『修復の手帖』vol.2、2004年)

な社会問題であった都市における火災の類焼防止にも大いに貢献しました。

檜の皮で葺いた檜皮葺の屋根は、すでに古代からありました。檜皮葺と言えば優雅な曲線を持つ華麗な屋根を想像しがちですが、このような檜皮葺は実は近世に入って完成したもので[図40]、それまではもっと荒っぽいものでした。

長さ三〇センチメートル前後の薄板を三センチメートル前後ずらしながら葺き上げる柿葺も、近世から一般化したもので、それ以前は長い板を用い、お世辞にも格好のよいものではありませんでした。

このように、屋根に対する関心の向上は、近世の特徴であると言えるかもしれません。新たな種類の屋根材を生むとともに、特に植物性材料の屋根においては、優雅な曲線を持つ屋根を生みだしました。

第2章
伝統木造建築の特徴

建築に使用された木材

これまでに述べてきた通り、わが国の建築は木造で終始してきました。ここでは、木にこだわり続けたわが国の建築の歴史の中で、どのような樹種の木材が使用されてきたのか見ていきましょう。

時代で見れば

一九八二年、奈良の山田寺(七世紀中頃)で廻廊が土中から発見されました。古代建築と言えば、法隆寺金堂、薬師寺東塔、唐招提寺金堂など総檜造りの建物が多く、近年、その伐採年が話題になった法隆寺五重塔の心柱《しんばしら》*も檜です。しかし、山田寺廻廊で使用されていた木材は、実は楠《くす》だったのです。古代の方が現在より檜は豊富に存在したことは間違いありませんが、当時も檜の入手は困難で、檜を使用できる建物は国家的プロジェクトで建築されるものに限られたようです。山田寺は、当時の有力者、右大臣・蘇我倉《そがのくらの》山田石川麻呂《やまだいしかわまろ》の本願によって建立されたお寺ですが、檜の使用は難しかったようです。飛鳥、白鳳《はくほう》、奈良時代の建築ラッシュを通して、檜は大量に消費され、特に近畿圏では枯渇状態にまで至りました。平安時代になると、檜を使用する建物はさらに限定され、法隆寺綱封蔵《こうふうぞう》（九世紀）や室生寺《むろうじ》金堂（九世紀初期、奈良県）等のように、檜を主材としない建物がより多くつくられるようになります。これらの建物では杉を基本とし、板材、垂木に檜を用いています。

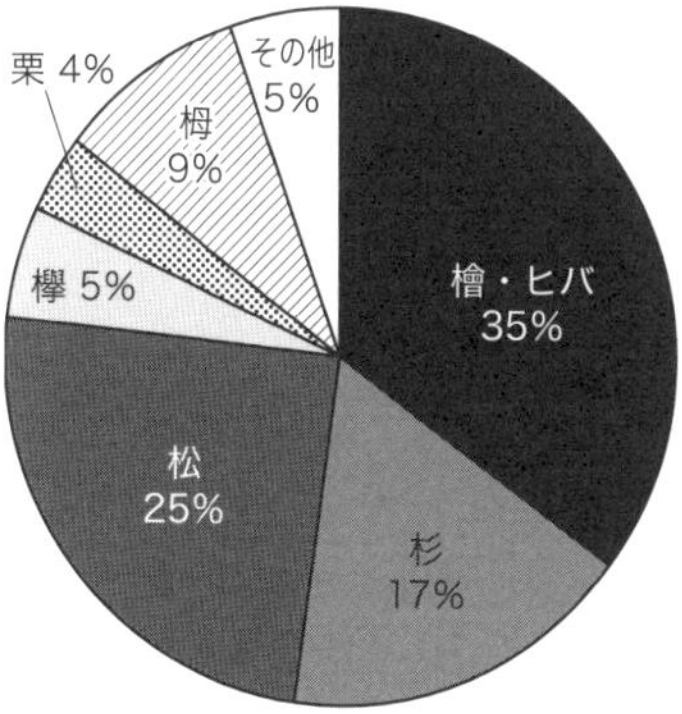

1 中世以降の建物の主材の樹種（出典：伊原惠司「中世―近代建築の使用木材とその構成」普請帳研究会『普請研究』第26号、1988年所収のデータより作図）

中世以降になると、松や栂《つが》などを主材とする建物が多くなります。長年にわたって文化財の保存修理の仕事をされている伊原恵司《いはらさとし》氏の研究成果からデータを拝借して説明します。データは資料の関係から重要文化財建造物が中心です。中世以降に建築された建物の主材の樹種を示したのが図1です。檜、ヒバが全体の約三分の一を占め、やはり檜が建築材料の王座を占めていることがわかります。松、杉がその後に続きます。

近世に入って目立つのは、欅の使用です。柱上の組物など大きな荷重がかかる所に部分的に欅が用いられたことは、近世以前にも例がありますが、総欅造りは近世に入ってからです。近世の人々が中世以前の人々より欅を好んだというのではなく、この時代になって堅い木を加工できる工具、技術が整えられたからでしょう。

建物の種類で見れば

次に、建物の種類別に木材の樹種を調べたものが図2です。これを見ると、寺社と書院《しょいん》建築では約半分の建物が檜系の材料を用いていることが目立ちます。農家、町屋の民家建築においては松が多いですが、他にもいろいろな木が用いられています。近くで採れるものを用いた結果でしょう。民家以外の建築に用いられていない材料としては、栗があります。土台など腐朽しやすい所に使われています。洋風建築には杉が多く使用されています。これについて伊原氏は、重要文化財に指定された洋風建築は公共建築が

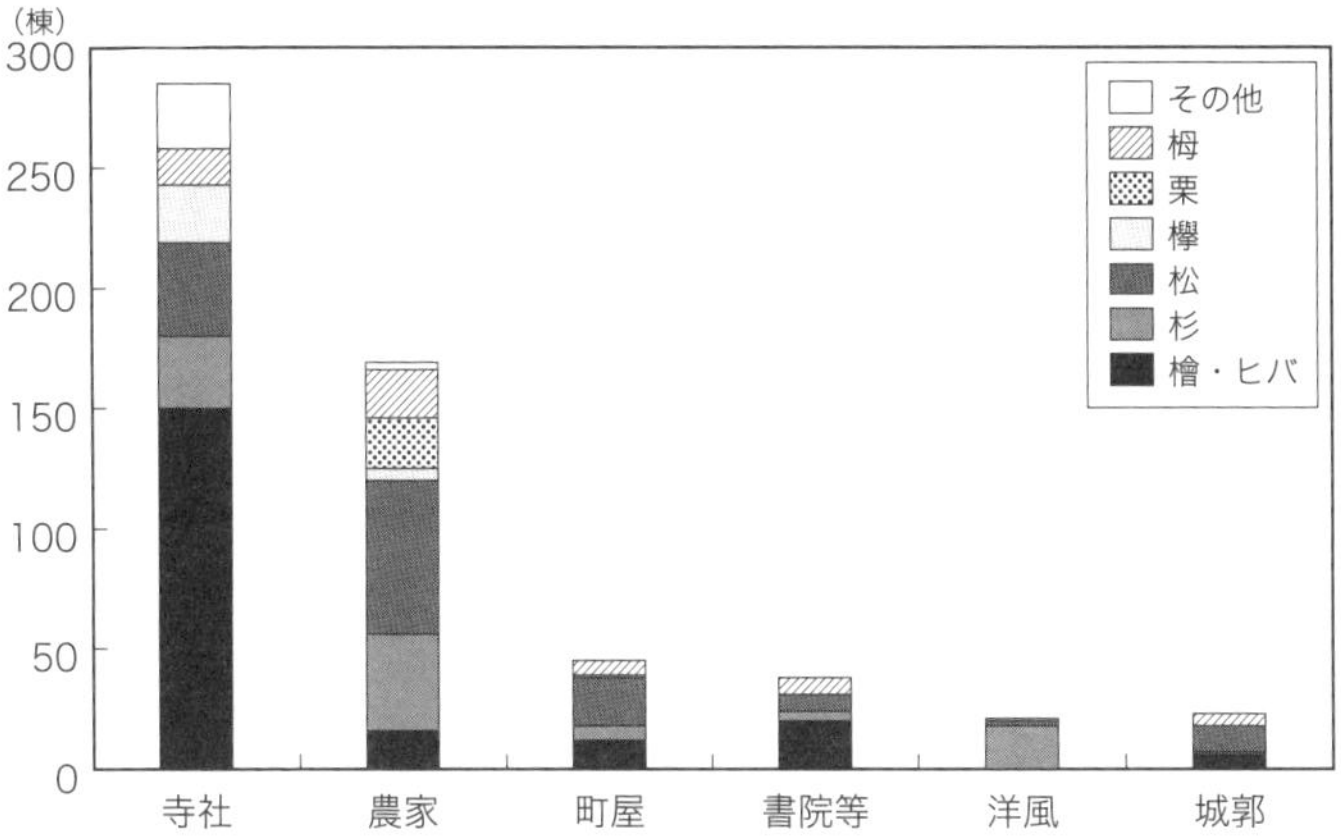

2建物の種類別材種(出典：伊原恵司、前掲書のデータより作図)

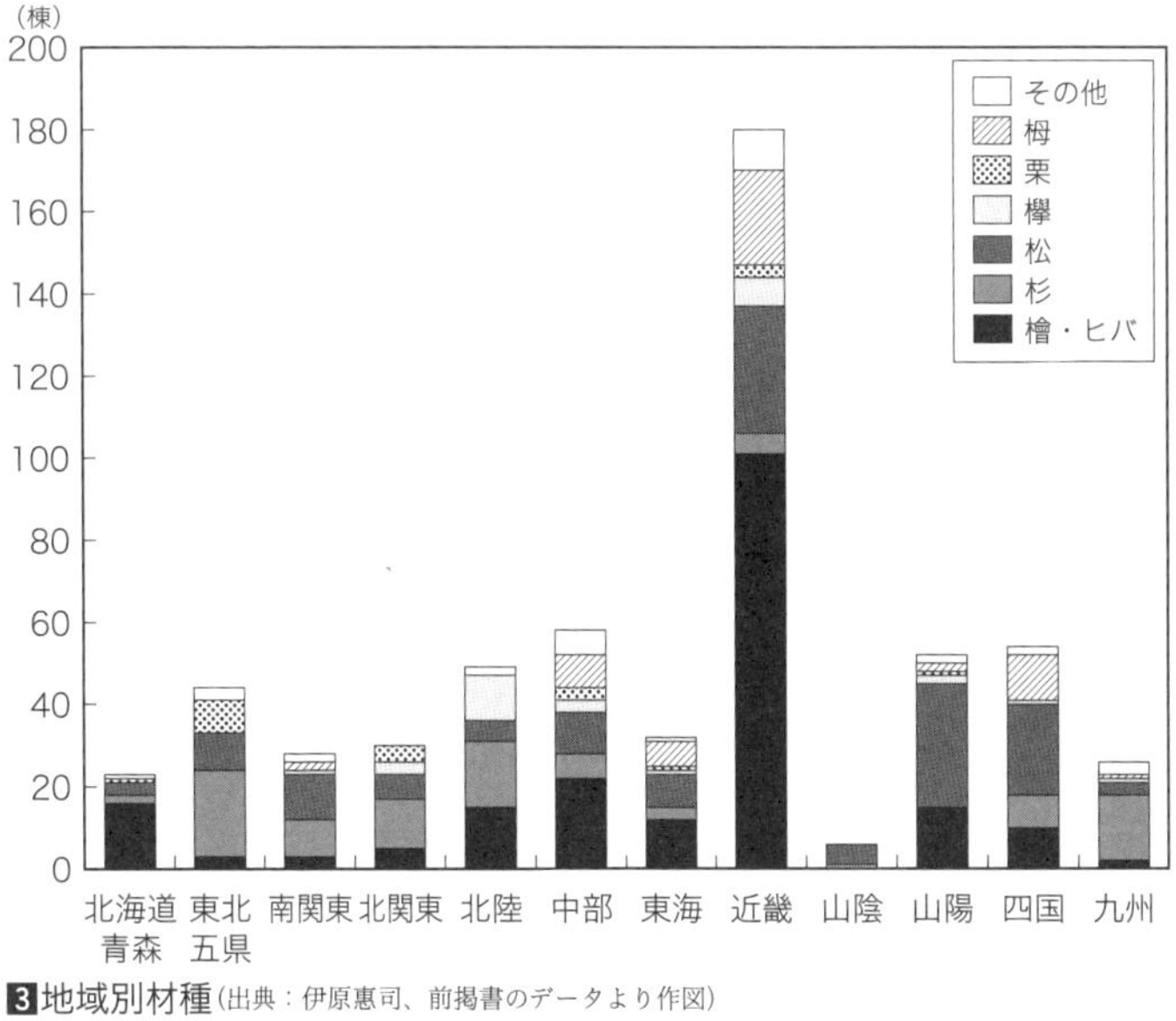

3地域別材種(出典：伊原恵司、前掲書のデータより作図)

多く、公共事業の中での工期の問題、製材量の多さを要因に挙げています。

地域で見れば

さらに、どの地域でどんな樹種の木材が使われていたかを調べたものが図3です。これを見ると、やはり近畿地方で檜を主材とする建物が多いことが目立ちます。この地域には寺社や書院建築が多く、このことがこの結果に結びついています。中国・四国地方には松が多く見られます。この地方は良質の松の産地として知られています。また、松と並んで栂が多いことも、この地方の特色です。

北陸以北、九州では杉が多く使用されています。北陸地方では欅も多く使用されています。ちなみに筆者の実家は福井にあり、五〇年前に建てられましたが、建物正面と玄関を入った目立つ部分には欅が使用されています。この地域では総欅造りの家への憧れが今でも強く残っています。

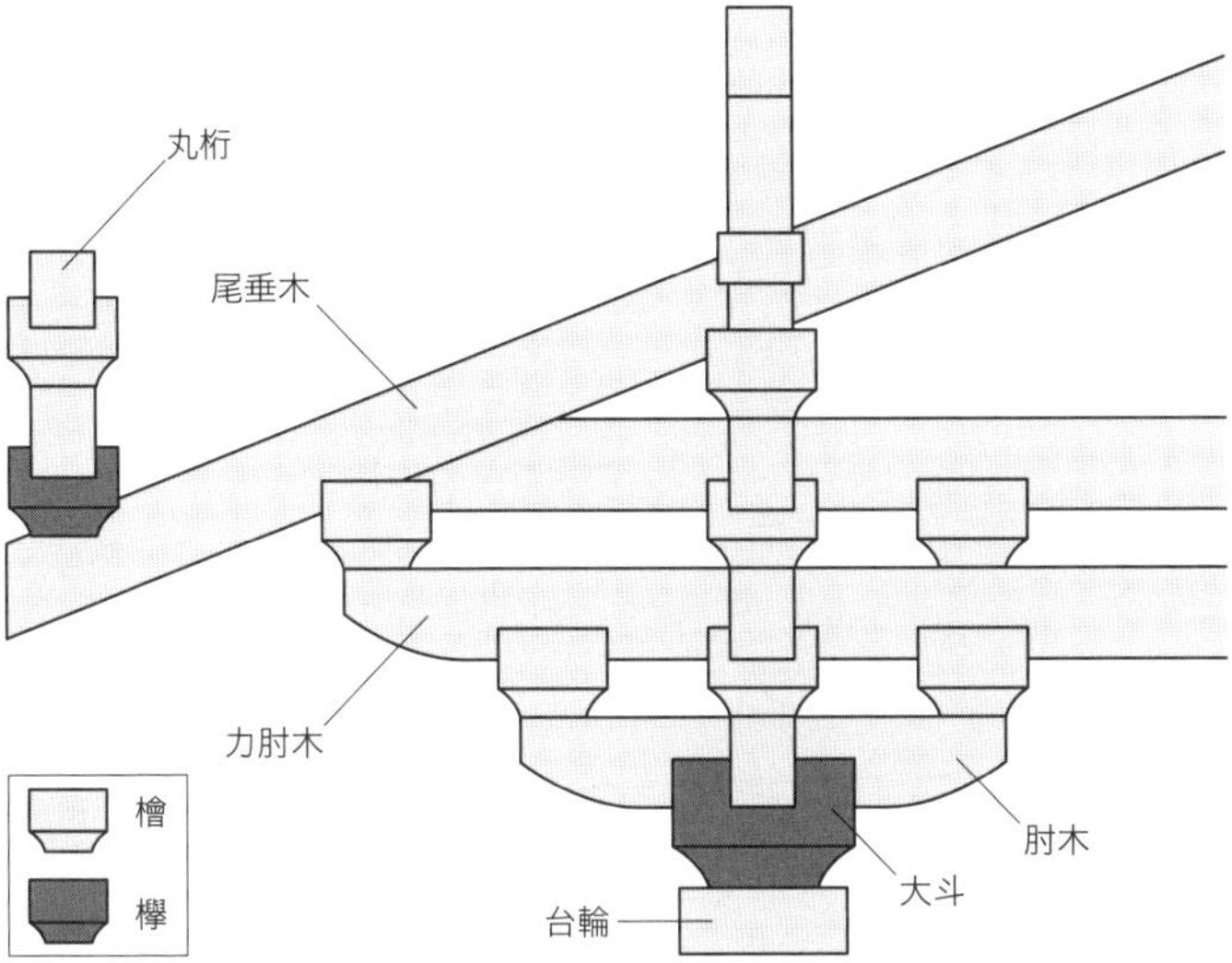

4 薬師寺東塔の組物の材種

建物の部位での使い分け

特に荷重の多くかかる柱上の大斗や軒の隅部分の材は、圧縮に強い欅が使用されることがよくあります。図**4**は薬師寺東塔の組物の部材の材種を示したものです。この建物は基本的に檜造りですが、組物の最も下にある大斗、尾垂木先端にのる斗、そしてこの図ではわかりませんが、隅の四五度方向に出る肘木、斗に欅が使用されています。いずれも大きな荷重がかかる所で、材のつぶれ防止のために使用されたと考えられます。古代に限らず、中世、近世を通してよく見られる工夫です。

民家の土台に栗材が使用されることがよくありますが、これは湿気等による腐朽防止の目的だと考えられます。

如意寺《によいじ》三重塔（一三八五年、兵庫県）は松を主材にしていますが、一部に他の材種が混じっています。初重の大斗には欅、軒の飛檐部分には檜が使われています。大斗は荷重によるつぶれ対策、軒の檜は雨水による湿潤な部分の腐朽対策だと考えられます。

以上のような材種の使い分けは特別なものではなく、伝統木造建築にはよく見られることです。

建物の格式に応じた使い分け

同じ敷地内にある複数の建物には、格の上下があります。神社においては本殿が、寺院においては本堂が、最も格が高い建物です。格の上下に応じて、組物形式も屋根の形式も、使い分けが行われました。柱や梁などの部材の太さ等にも差をつけました。金堂や五重塔の組物は、三手先という最上の形式としました。金堂の屋根は、格の高い寄棟

5 静岡浅間神社社頭（出典：㈶文化財建造物保存技術協会編『重要文化財神部神社浅間神社大歳御祖神社第二期修理工事報告書』1982 年）

6 静岡浅間神社の文化度（1804 ～ 1865 年）造営時の建物別部材材種一覧

	建物名＼部材名	本殿						拝殿			
		浅間神社 神部神社	大歳御祖神社	麓山神社	少彦名神社	末社天神社 神部神社	末社天神社 浅間神社	浅間神社 神部神社	大歳御祖神社	麓山神社	少彦名神社
化粧材	柱	●			●	□	□	●		●	□
	虹梁	●			□	□	□	●		●	
	長押・貫	□			□	□	□	□		□	□
	敷・鴨居	□			□	□	□	□		□	□
	建具	◎			◎	▲	▲	◎		◎	◎
	羽目板	□	○	○	○	○	○	□	○	○	○
	大斗	●			●	▲	▲	●		●	□
	斗	▲			▲	▲	▲	▲		▲	□
	肘木	□			□	▲	▲	□		□	□
	蟇股	▲			▲	▲	▲	□		▲	
	琵琶板		○		○	○	○	□	○	○	○
	支輪	▲						□			
	同裏板	▲						□			
	丸桁	□			□	□	□	□		□	□
	化粧棟木	□			□	□	□	□		□	□
	化粧隅木				●			●		●	□
	軒廻り材	□			□	□	□	□		□	□
	化粧裏板	◎	○	○	○	○	○	□	○	○	○
	破風板	●			●	▲	▲	●		●	
	縁板	◎			□	□	□	●／□		□	□
	縁束等	□			□	□	□	□		□	□
	高欄	◎			□			□		□	
	木階	□				□	□				
	床板	□	○	○		○	○	□	○	○	○
	天井格縁	◎			□	□	▲	□		□	
	天井板	◎	○	○	○	○	○		○	○	
	彫刻等	▲			▲	▲	▲	▲		▲	▲
野物材	床下材	□			□	○	○	□		□	□
	小屋材	□			■	■	■	■／□		□／■	■
	桔木	□			■			■		■	■
	野垂木	□			■	■	■	□		■	■
	野地板	□	○	○	○	○	○	□	○	○	○
	瓦棒・箱棟材	□	○	○	○			□	○	□／○	

◎：檜　○：杉　●：欅　▲：楠　□：栂　■：松

造としました。建物の装飾（彫刻、彩色、錺《かざり》金具など）も、格上の建物ほど高い仕様でした。日光の東照宮などを見れば一目瞭然でしょう。

木材も、建物の格式に応じて使い分けが行われました。木材の最上位は、やはり檜と言ってよいでしょう。他の材は、建物の種類、地域によって若干異なります。

静岡市にある静岡浅間《せんげん》神社は駿河国《するがのくに》の惣社《そうじゃ》で、各時代の為政者から篤い保護を受けた大社です［図**5**］。現存の社殿の多くは一八世紀の後半の火災後、六〇年（一八〇四（文化元）年〜一八六五（慶応元）年）にわたって再建されたもので、二六棟が重要文化財に指定されています。当社には再建時の建築仕様書が残されていて、各建物の各部材の樹種がわかり、当時の木材の使い分けを知ることができます。これをまとめたのが図**6**です。本殿などの格上の建物には檜等の材が、構造的に大きな荷重を受ける材には欅が、彫刻材には加工に適した楠が用いられるなど、建物の格や構造的な役割等に応じて適切に使い分けられていることがわかります。

材料の入手

建築に使われる木材は、経費的に見ても近隣の山から採ることに越したことはないでしょう。しかし平安時代以降になると、檜の入手は大変困難になります。東大寺は、先述の通り、鎌倉期の再建に使用する檜を近隣で入手することができず、最終的には周防国（現在の山口県）から取り寄せています。

その後、為政者は植林を行い、材料の確保に努めましたが、そう簡単には事態は改善しませんでした。時代がぐっと下がりますが、三重県にある浄土真宗高田派本山の専修寺如来堂《せんじゅじにょらいどう》（一七四八年）は、建物が巨大であることもあり、材料の入手には大変な苦労があったことが、当時の記録から察せられます。木材を一ヶ所だけで揃えられず、江戸、大坂、信濃、美濃等から集めています。

江戸時代になると、建築工事において入札・請負制度が始まります。木工事、屋根工事、彫刻工事などの各工事の専門業者の組織化が進み、建築用木材もこれを入手、販売する業者が生まれました。京都の妙心寺仏殿《みょうしんじぶつでん》（一八二七年）は総欅造りの建築ですが、材料は江戸の御用材木屋・天満屋忠兵衛と京都の松屋新兵衛から入手しています。

以上、建築に用いられている木材の樹種について、時代、地域などの視点で眺めてきましたが、これらは計画的な伐採、植林の大切さを教えてくれます。

最後に、筆者が関わった平城宮朱雀門の復元事業でのエピソードを一つ紹介します。現在、特別史跡平城宮跡では、平城遷都一三〇〇年となる二〇一〇年の完成を目指して大極殿などの建物の復元プロジェクトが進められています。朱雀門の復元はその一環で、一九九八年に竣工しました。材料、工法とも当時の再現を目指したので、材料は檜としました。柱材は、主に地元の吉野檜を中心に、不足分を木曽檜でまかないました。しかし、吉野と木曽だけではどうしても集まらず、一本だけ埼玉県産のものを取り寄せました。実はこの檜、江戸時代の初め、吉野檜の苗を持って行き植林したものだったのです。この木は三〇〇年ぶりに里帰りし、錦を飾ったのでした。

構造――木材の組み方

建築は、生活や儀式、行事、その他の目的のために必要な空間を構成するため、あるいは権力誇示、記念性を示すために築かれた構築物です。わが国ではこの構築物をつくるために、古代より現代まで木材を使用し、いろいろな技法を用いて組み上げてきました。ここでは、わが国の建築がどのような木の組み方によって築かれてきたのかを紹介します。

二種類の構法

木造と言っても組み方は多種多様で、いろいろな構法があります。しかし大きく分ければ、二つに分類することができます。一つは正倉院正倉のような校倉です［第1章図10］

参照〕。西洋の言葉で言えばログハウス構造です。角材や厚板材を井桁に組み上げるやり方です。この組み方の場合、材（校木）の途中で継手（ジョイント）を設けることはできず、使用する木材の長さの制限から、平面規模には限界があります。古代においてはおおよそ一〇メートルが最大でした。正倉院はまさにこの限界の大きさの建物です。また、構造上大きな開口部を設けることができません。このような特性があるため、日本では大切な品を納める倉に用いられました。

校倉は全体から見ればごくマイナーな構法で、数的にはきわめて少数です。重要文化財に指定されている建造物は約四二〇〇棟ありますが、このうち校倉の建築は一一棟にすぎません。大半は柱と梁等を組み合わせる構造の建物です。これは、社寺建築であろうと住宅建築であろうと、基本的には同じです。

校倉的井桁構造から柱梁組構造へ

校倉建築は、木材を井桁に組み上げる、非常に単純な構法です。しかし、単純なことは大事なことで、機械がそうであるように、故障あるいは破損する箇所が少なく、メンテナンス面でも有利です。複雑にすればするほど高い性能は得られるでしょうが、反比例して故障する確率は高まります。正倉院正倉、東大寺本坊経庫《ほんぼうきょうこ》（八世紀後半）など、奈良時代のものが現存するのは、この単純な構法も要因の一つなのです。

この構造上の利点は、柱梁組構造の建物においても採用されています。特に古い建物に多く見られます。法隆寺金堂、同中門（七世紀末〜八世紀初頭）などの飛鳥様式の建築や、法隆寺五重塔（七世紀後半）、薬師寺東塔など塔婆建築に取り入れられています。法隆寺金堂は、柱上に横材（通肘木）が何段も組まれています［図7］。校倉のように横材が積み重なってはいませんが、井桁に組まれていることがわかります。塔婆建築以外の建物においてこのように柱上の構造が井桁になっているのは飛鳥時代の建築に見られ、これがこの時代の特徴の一つになっています。

塔婆建築では一目瞭然です。図8は薬師寺東塔ですが、見事な井桁構造になっていることがわかります。塔婆建築は重層建築で、構造的に強固であることが求められ、柱上の構造は校倉と同じ井桁構造となっているのです。

図9は東大寺勧進所《かんじんしょ》経庫（平安時代）で、束柱を立て、その上に台輪をまわし、床を張り、その上に校木を積み重ねた校倉建築です。基本的にはどの校倉もこれと同じ組み

7法隆寺金堂の組物。横材（通肘木）が井桁状に組まれています（出典：法隆寺国宝保存委員会編『法隆寺國寶保存工事報告書第十四冊・國寶法隆寺金堂修理工事報告』1962 年の写真に加工）

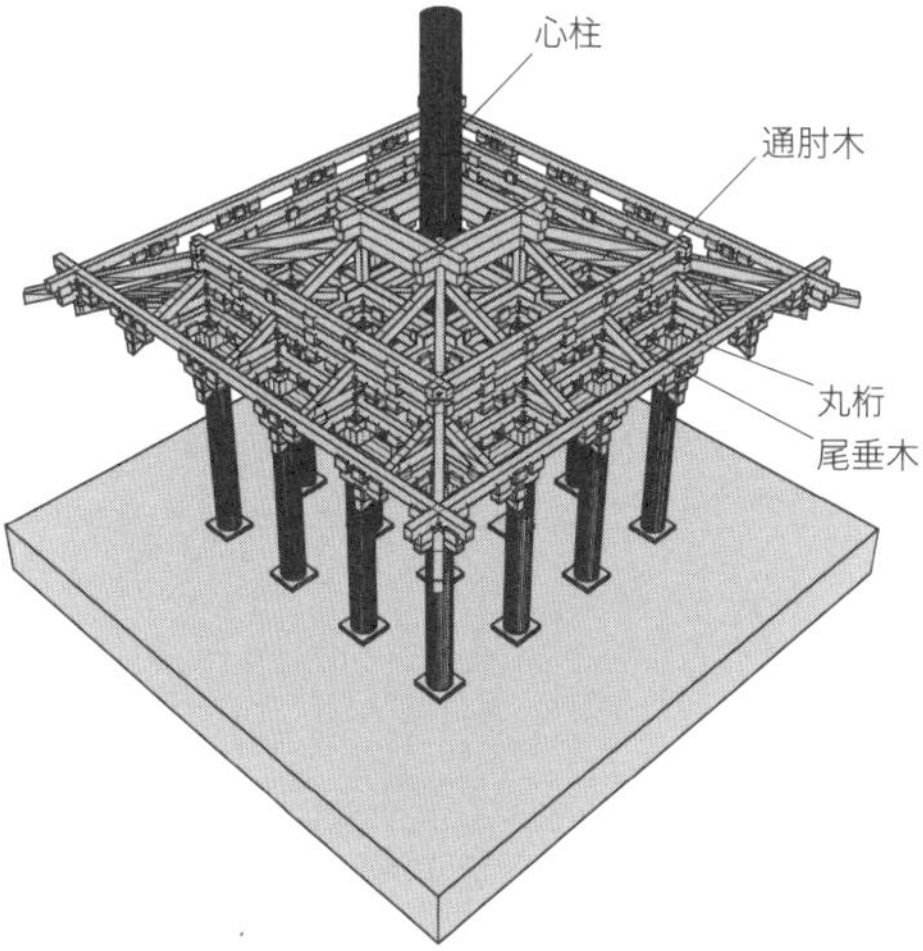

8薬師寺東塔の初重架構。組物の上半は、横材（通肘木）が井桁状に組まれています

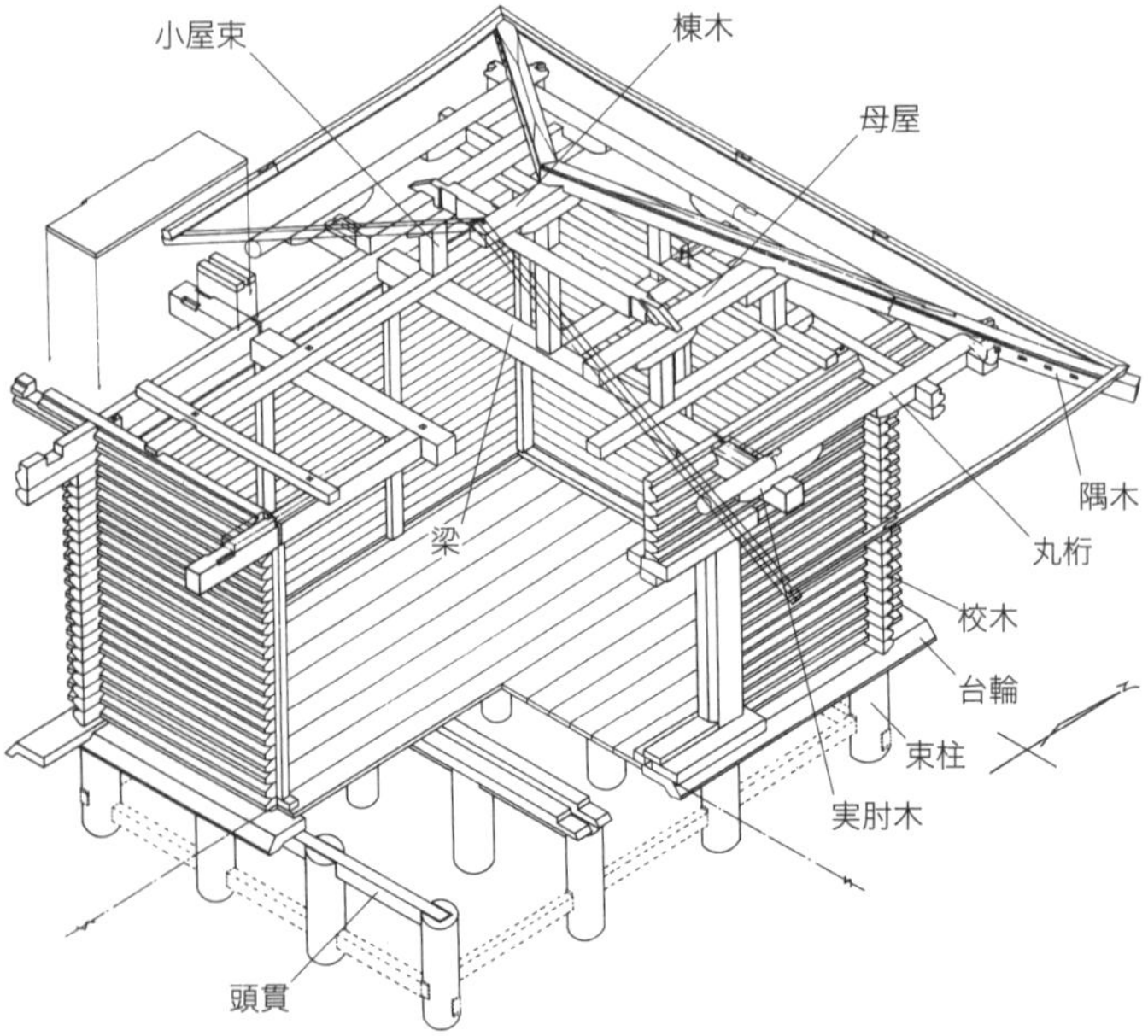

9 東大寺勧進所経庫に見る校倉の構造（出典：奈良県文化財保存事務所編『重要文化財東大寺勧進所経庫修理工事報告書』1983年の図を加工）

方をします。この束柱をもっと高くし、校木の積む段数を減らすと、法隆寺金堂や薬師寺東塔と基本的に同じつくりになります。

構造的に理に適った堅固な井桁構造ですが、ただ一つ欠点があります。それは、平面規模に限界があるという点です。少なくとも建物の構造的核となる中心部分（身舎）においては、横材に継手を設けられません。したがって、建物をどんなに大きくしようとしても、間口約一四～一五メートルが限界でした。実例で言えば、法隆寺金堂の規模がこれにあたります。時代が古いから唐招提寺金堂などより小さいのではなく、構法が異なるから小さいのです。法隆寺金堂は当時としては最大の規模だったのです。

しかし、時代の流れはこれで満足することはできず、もっと広い空間を求めました。その要請に応えたのが、大陸の新技術でした。日本は遣唐使を通じてこの技術を輸入します。この技術によって、建物は材料や井桁構法からの制約から解放され、巨大建築を建てることが可能となりました。その極致が、東大寺金堂です。何とこの大仏殿の平面規模は、法隆寺西院伽藍(七世紀後半)の廻廊で囲まれた中庭とほぼ同じなのです。

この技術は、継手部分の補強に始まり、繋ぎ材の増量と適切な配置により達成しました。奈良時代以降、この技法が受け継がれています。

中世に入ると、さらに強力な助っ人が現れます。貫です。これも大陸の技術です。柱間に横材を三〜四段串刺し状に貫いて、軸部を固める技法です。それまでは、地震力、大風などの横力に対しては、柱の太さと土壁で対処してきました。貫の登場によって、細い柱の使用が可能となりました。木材入手が困難となった時代において大変具合のよい工法で、すぐ採用されました。

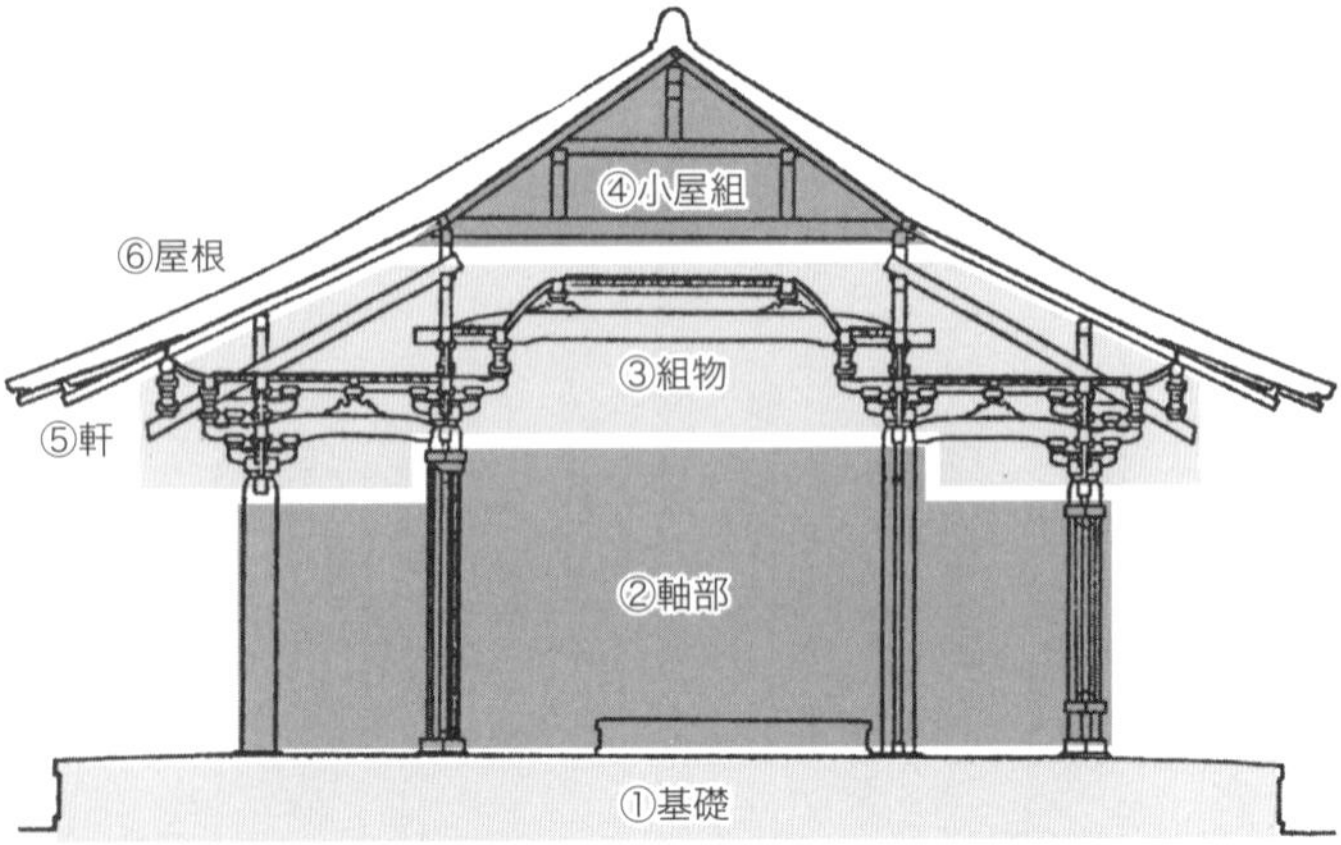

10唐招提寺金堂に見る構造構成

建物の構成

順番が後先になりましたが、ここでわが国の建物の構造的な構成要素についてお話ししましょう。建物の下部から挙げれば、次のようになります［図**10**］。

①基礎：柱の下にある礎石およびその下に施された上の荷重を地面にスムーズに伝えるための工作（地形）

②軸部：柱、梁、貫などからなり、建物の中心的構造部

③組物：柱の上にある斗および肘木から構成されるもので、屋根荷重を軸部にスムーズに伝える役割を持つ

④小屋組：雨から建物を守るために、屋根面に傾斜をつけ三角形の構造にした骨組み
⑤軒：雨から建物を守る。雨の多い日本では深い軒が必須。垂木、茅負《かやおい》＊等からなる
⑥屋根：小屋組の上にのり、雨から建物を守る。瓦、檜皮、板、茅などが葺かれる

これは、校倉でも、柱梁組構造でも同じです。校倉の場合は、柱が短いことと、床の位置が柱上にあることが異なります。建物によっては③の組物がないものがあります。

塔などの重層建築では、各層でこれらの構成を完結し、それを積み木のように重ねる構造となります[第1章図37参照]。したがって、通し柱はありません。建物の中心に立つ心柱は、構造材ではなく、屋根頂上に輝く相輪《そうりん》＊を受けるためのものです。ただ、わが国の建築に通し柱がまったくなかったわけではありません。近世の城郭建築に用いられるようになって以来、住宅や土蔵などに見られます。通し柱は、建築の歴史全体から見れば、割と新しい技法なのです。

組物の役割と使い分け

建物の構成要素のうち、前述した③の組物は社寺建築、宮殿建築において特徴的なも

ので、これによって深い軒を支持しています。最古の木造建築物である法隆寺の諸建築においてもすでに組物が存在し、現在まで引き継がれています。

組物の構成要素はいたって単純で、肘木という角材と斗という立方体状の部材を組み合わせてできています。

第1章でも述べましたが、この組物の違いによって、古代において構造は大きく二つに分けられます[第1章図5 6 7参照]。三手先組物の建物とその他の建物です。三手先は寺院で言えば金堂や五重塔などの中心建物に用いられます。三手先の建物は大変軒が深く、屋根が大きいため、頭でっかちの建物になります。この建物を構造的に成立させるためには、いくつかの工作が必要となります。一つは軸部の強化です。足腰がしっかりとしていないと、重い上部を受けられません。当然、柱やこれを横に繋ぐ梁などは太い材料が用いられます。地震や大風などの横力に対抗するために厚い丈夫な土壁が設けられます。土壁は垂直方向の横力に有効ですが、水平方向には効果がありません。そこで水平方向に対抗するために天井面の強化が行われました。組入天井です[第1章図8参照]。格子天井で、格子は約九センチメートル角で、約三〇センチメートル間隔で組みました。

これで荷重を受ける側の準備はできましたが、さらに構造安定性を確保するために工夫がなされました。それは屋根・小屋組と軸部の間に免震装置的なショックアブソーバー（衝撃緩和装置）を入れることでした。これが、組物です。法隆寺金堂や唐招提寺金堂などを見るとわかりますが、組物が軸部と小屋組の間に層状に入っています。

三手先の建物に対して他の建物は屋根が軽いため、組入天井も必要でなく、柱が屋根のすぐ下まで延び、柱と桁や母屋との間にピンポイント的に組物が組まれます。

継手と仕口

材を長さ方向に繋ぐ場合に材の端部に施された仕事を「継手」と言います。角度をもって材と材を組む時に材に施された仕事を「仕口」と言います[図11]。

この継手、仕口の種類は一つ一つ紹介できないほど大変な数にのぼります。古代においてはその種類は限定されていましたが、中世以降、特に近世に入ってから著しい発展をしました[図12]。これはノミ、カンナ、ノコギリなどの工具の発展と大いに関係します。継手、仕口の構造強化のための発展もありますが、その多くは材と材をぴったり組み合わせることを目的としたものです。

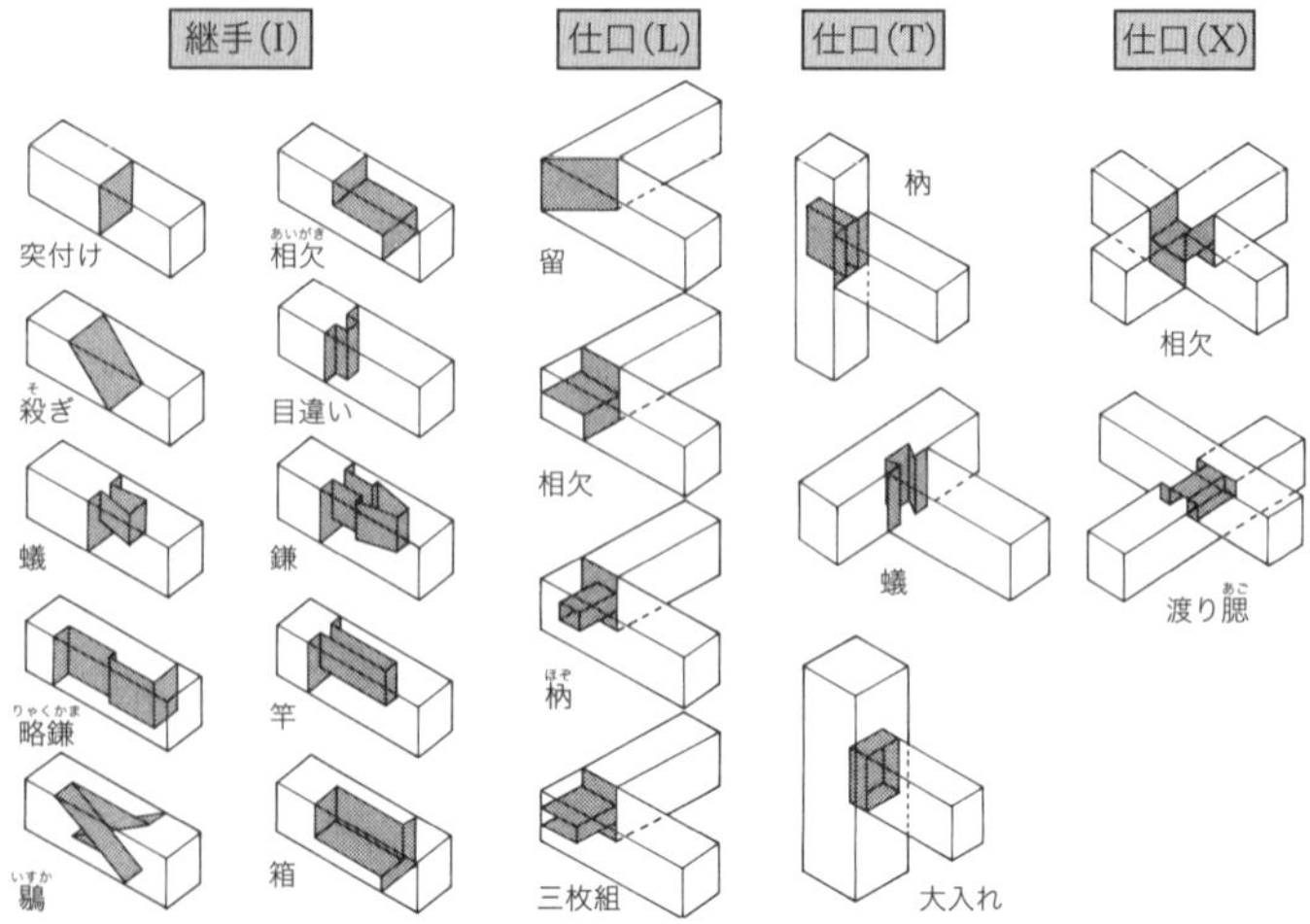

11代表的な継手と仕口（出典：木造建築研究フォラム編『図説 木造建築事典 基礎編』学芸出版社、1995年の図を加工）

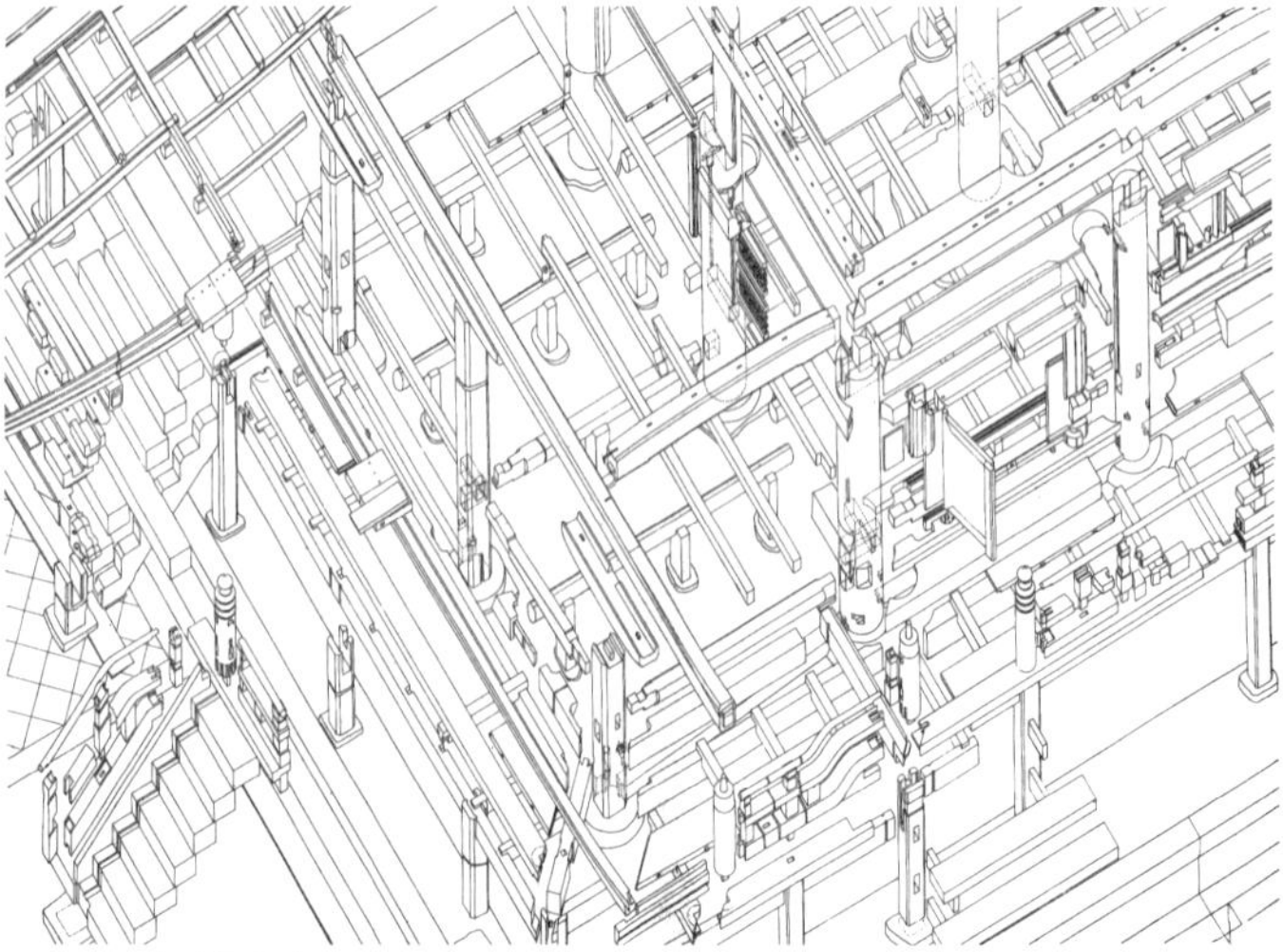

12法隆寺聖霊院《しょうりょういん》の継手・仕口（出典：法隆寺国宝保存委員会編『法隆寺國寶保存工事報告書第十二冊・國寶法隆寺聖霊院修理工事報告』1955年）

加工技術

建築用木材の加工技術と言っても、山からの切り出し、輸送、貯蔵、製材、そして最終的に建設現場でのものまでいくつかの段階がありますが、ここでは製材と建設現場での木材加工の技術に絞ってお話しします。

木材の性質と製材

製材する前の木材の断面は丸いものです。建築部材は丸柱など丸断面のものもありますが、ほとんどの部材は断面が矩形です。丸い断面のどの部分から矩形をとるかによって、その材の性質は大きく変わってしまいます。

木材は生き物であり、特有の性質を持ちます。たとえば、木材には樹皮の内側にある

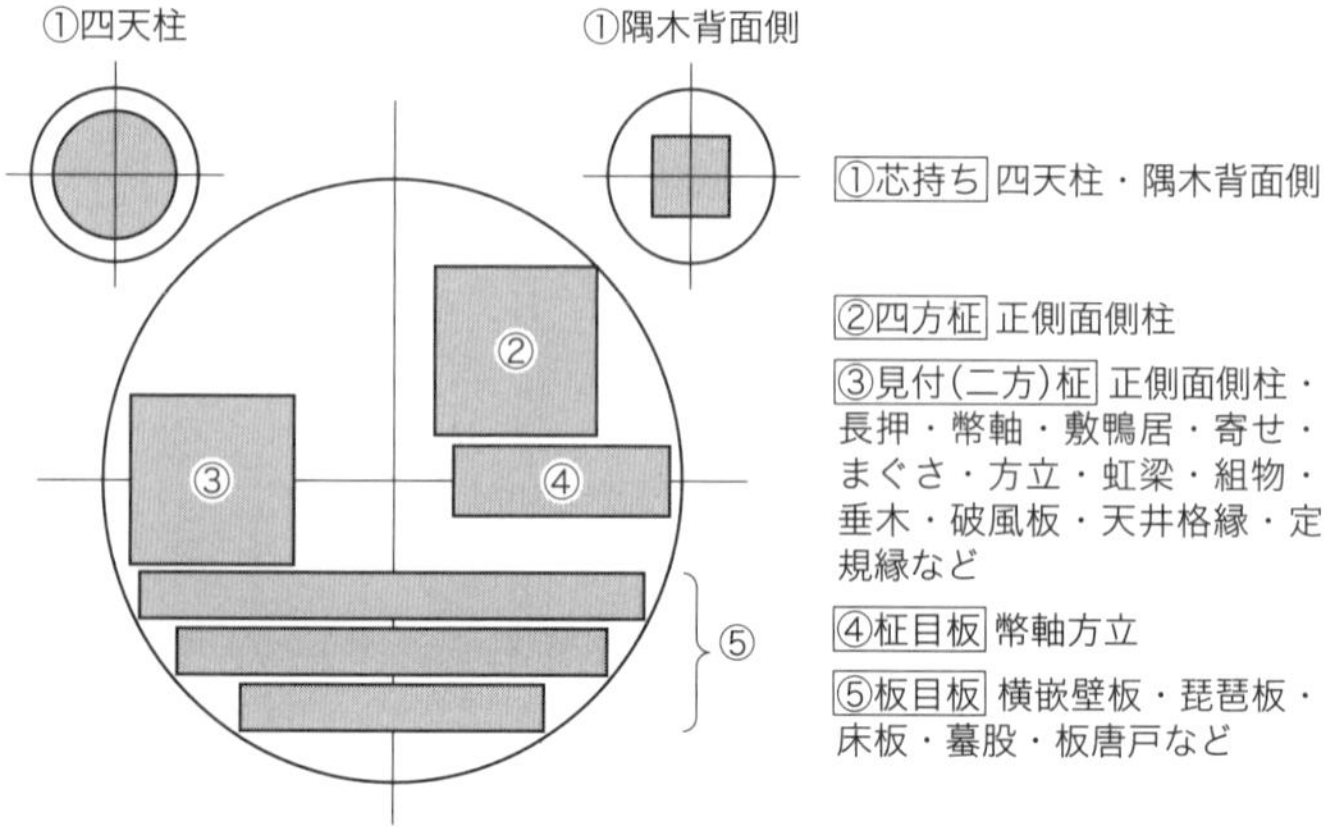

13金剛峯寺不動堂の部材の木取り（出典：高野山文化財保存会『国宝金剛峯寺不動堂修理工事報告書』1963 年より作図）

白っぽい部分（辺材）とそのさらに内側の赤い部分（心材）があります。心材は堅くて耐久性に富みます。一方、辺材は柔らかく、腐朽しやすい。したがって建築材に使用する場合は、できるだけ心材部分を使います。

また、樹皮側の方が芯側より縮みやすいという性質があります。このため、反ったり、割れが入ったりします。このような変形を抑えるためには、十分乾燥させることはもちろんですが、さらに芯をはずして材を製材することによって、よりよい結果を得ることができます。芯をはずした材を芯去り材と言います。これに対して芯のある材を芯持ち材と言って区別します。芯去り材の場合、単純に計算して芯持ち材の倍の太さの原木を必要としますから、材の単価は桁違いに高くなります。

図**13**は和歌山県にある金剛峯寺《こんごうぶじ》不動堂《ふどうどう》（一四世紀初頭）の原木からの木取りの状況を示したものです。径の大きな四天柱《してんばしら》*や背面の目立たない柱は、芯持ち材としています。正面と側面の側柱は四方から見え、意匠上大事な所なので、芯去りで四方とも柾目《まさめ》*の上等な木取りをしています。四面とも見えない長押や幣軸《へいじく》*、敷鴨居等、目に遠い組物材等は、二方だけ柾目の木取りをしています。幣軸方立《ほうだて》*は目に近く、材にねじれ等があっては困るので、芯去りで柾目板にしています。壁板などは幅が広く、柾目だと割れやすいので、板目《いため》*板にしています。使われる場所に応じて適切な製材が行われていることがわかります。

製材とは、工業製品のように所定の大きさにただカットするのではなく、木材の性質を知った上で、使用位置などを考慮しながら、そしてできるだけ捨てる量を減らす、といった諸条件から最大公約数的な結果を得るための加工技術なのです。まさしく職人技です。

大工道具

ある程度の大きさに加工された材料を所定の寸法にするためには、切断と打ち割りの二つの作業が必要です。切断は所定の長さにするための作業、打ち割りは所定の断面を得るための作業です。おおよそ所定の寸法にした後、仕上げの作業を行います。それぞれの作業には、それに適した道具が必要です。

図14は各時代における各種道具の有無を表したものです。現在見られる大半の道具は、すでに飛鳥・奈良時代に揃っています。

中世の建築現場を覗いてみましょう。図15は『春日権現験記絵《かすがごんげんけんきえ》』という絵巻物に描かれた建築現場の作業風景です。直垂《ひたたれ》・袴に草履を履いて、尺杖を持った親方（右端）と、素足で作業に従事する工匠たちの姿がいきいきと描かれています。今とは違って座って作業をしています。墨壺、曲尺《かねじゃく》、ノコギリ、ノミ、槍ガンナ、チョウナなどの道具が見えます。

一六世紀後半になって、現在どこの建築現場でも見ることのできる台ガンナが登場し、

14 大工道具の時代別一覧（出典：『竹中大工道具館 展示解説』1989年の資料を一部加工）

区分		旧石器時代	縄文時代	弥生時代	古墳時代	飛鳥・奈良時代	平安時代	鎌倉時代	室町時代	桃山・江戸時代	明治時代以降
斧（オノ）	竪斧		▲	▲●	●	●	●	●	●	●	●
	横斧（チョウナ）		▲	▲●	●	●	●	●	●	●	●
ノミ				▲●	●	●	●	●	●	●	●
ノコギリ	横挽ノコギリ（古代以前）				●	●					
	横挽ノコギリ（木葉型）						●	●	●	●	
	縦挽ノコギリ（先切）									●	●
	縦挽製材ノコギリ								●	●	●
	縦挽ノコギリ									●	●
カンナ	槍ガンナ			●	●	●	●	●	●	●	
	台ガンナ								●	●	●
キリ					●	●	●	●	●	●	●
槌（ツチ）	木槌			●	●	●	●	●	●	●	●
	金槌				○	○	●	●	●	●	●
墨掛け・定規類	規（ブンマワシ）			●	○	○	●	●	●	●	●
	矩（カネジャク）					○	●	●	●	●	●
	準縄（ミズハカリ）					○	●	●	●	●	●
	垂準（サゲスミ）					○	●	●	●	●	●
	墨壺					●	●	●	●	●	●
罫引										●	●
刀子		▲	▲	▲●	●	●	●	●	●	●	●

●：実物、部材加工痕、文献資料、美術資料等により、その存在が確認できるもの
○：建造物等の技術水準などから、その存在が推定できるもの
▲：石製工具

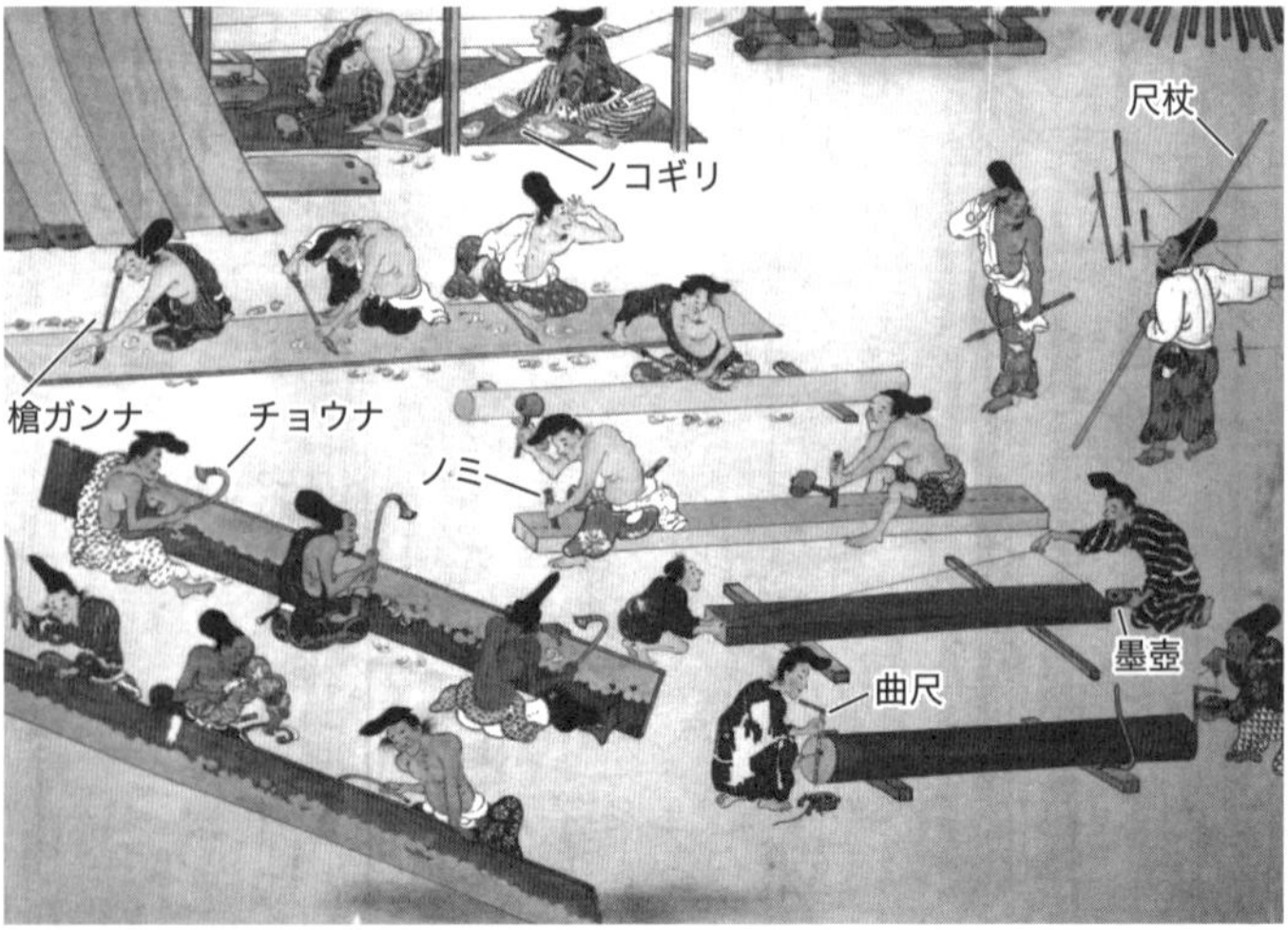

15『春日権現験記絵』に描かれた、中世の建築現場風景（出典：小松茂美編『続日本の絵巻 13 春日権現験記絵（上）』中央公論社、1991 年の写真に加工）

材の表面の美しさ、精巧さは格段に進歩しました。江戸時代を通して、道具は仕事の内容に応じていろいろな形のものが生み出されていきました［図16］。

そして、大正から昭和にかけて、最盛期を迎えます。一九四三年に労働科学研究所が行った調査によると、一人前の大工が本格的な仕事をするのに必要な道具の数（標準編成）として一七九点が挙げられています。このうちでノミが最も多く四九点、以下カンナ四〇点、キリ二六点、墨掛け道具・定規類一四点となっています。ただし、安普請になると、編成は七二点に減り、特にカンナは九点に減っています。

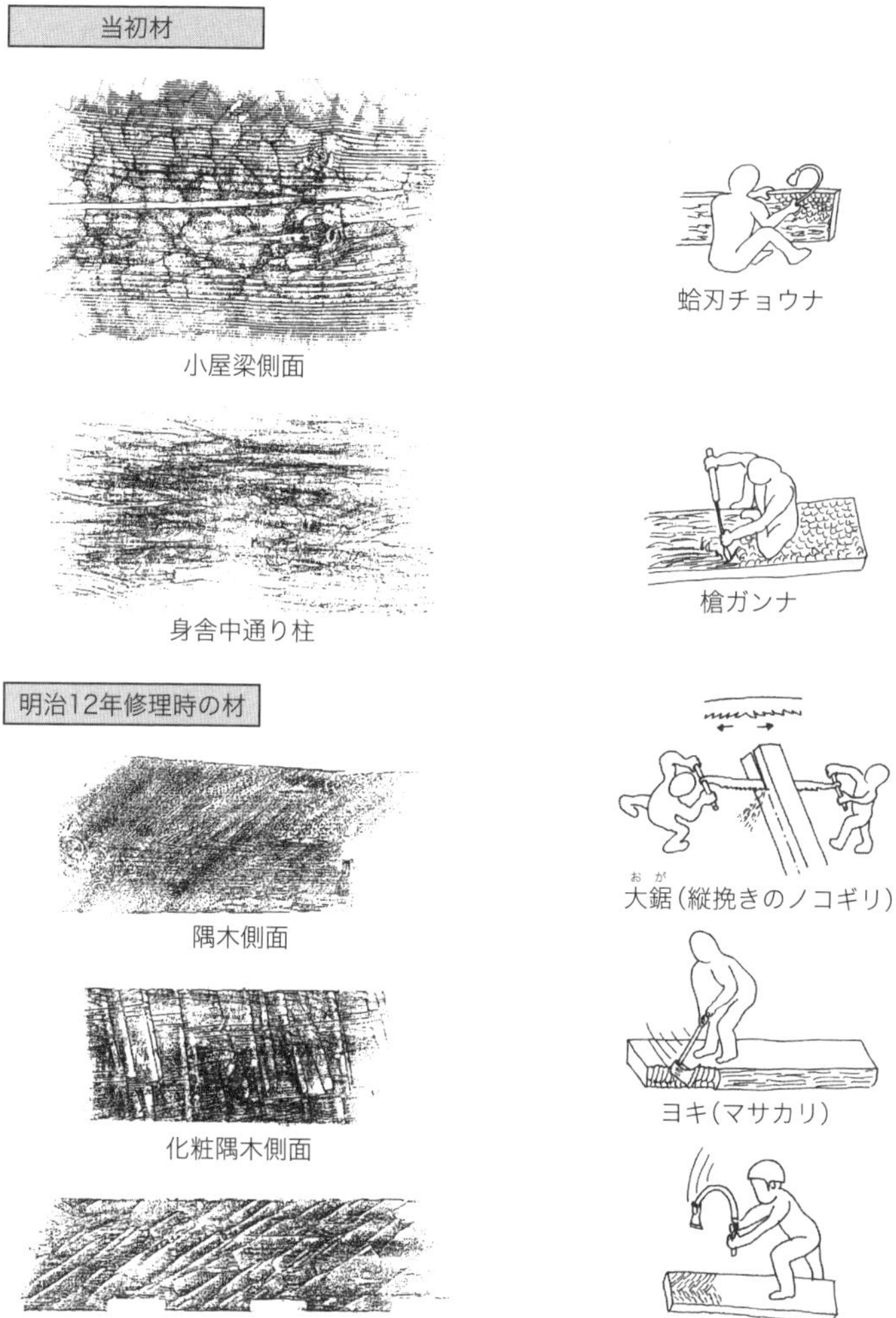

16吉川八幡宮本殿(岡山県)の部材加工痕(出典：㈶文化財建造物保存技術協会編『重要文化財吉川八幡宮本殿保存修理工事報告書』1999年の図を加工)

大工の気配りと知恵

木材は一本一本に個性があり、同じものは一つもありません。この木材を建築用材として利用するためには、その性質を熟知した上でないといろいろな所で破綻をきたしてしまいます。

木材の繊維方向の使い分け

薬師寺東塔など古代でも古い時期のものに見られる斗のつくり方に、木口斗《こぐちます》*というものがあります。斗は上から見ると正方形なので、木づくりする時、繊維方向は形態的にはどちらでもかまいません。しかし、薬師寺などでは上にのる肘木と繊維方向を直交させるようにつくっています［図17］。おそらく井桁組構造の名残でしょう。

唐招提寺金堂内陣の斗は薬師寺東塔とは異なります。薬師寺では木口斗の技法によっているので、場所によって繊維方向がばらばらです。ところが、唐招提寺金堂の場合、斗の繊維方向はすべて壁面と平行です［図18］。

これには、次のような理由が考えられます。薬師寺の場合、組物は朱色一色で塗られ

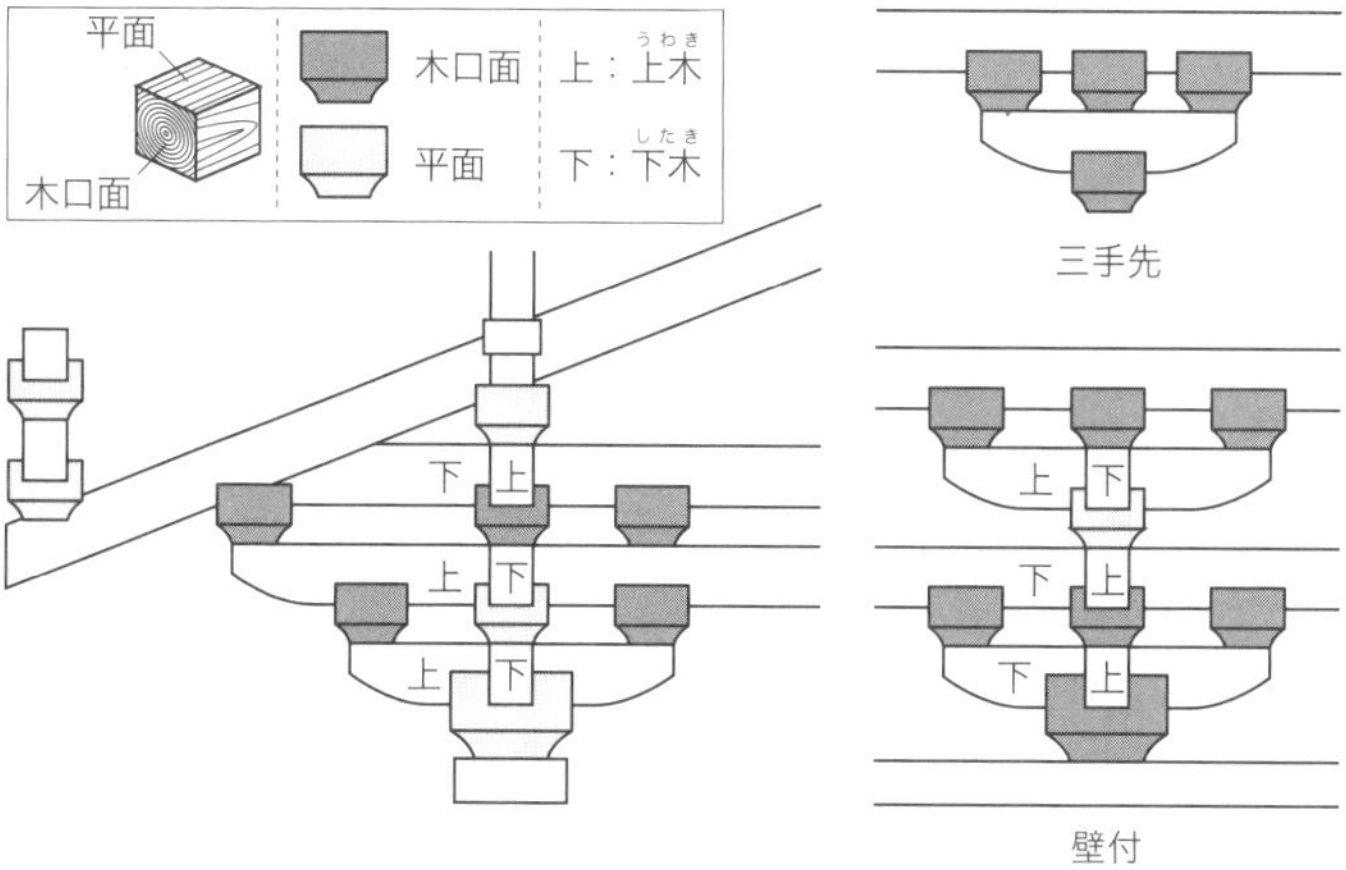

17薬師寺東塔の組物における木口斗。巻斗は、上にのる肘木と繊維方向を直交させています

18唐招提寺金堂内陣の組物。内陣の斗は、繊維方向を壁と平行に木取りしています

ますが、唐招提寺の場合、極彩色が施されます。彩色の専門家によりますと、彩色顔料は、木材の木表《きおもて》*、木裏《きうら》*、木口《こぐち》*面でその発色の具合も、その後の変色状況も異なるそうです。唐招提寺においては極彩色を施すことを前提に、大工棟梁が部材の繊維方向にまで気配りしたものと思われます。

木材の狂いを防ぐ

大工を悩ませる問題に、「割れ」「反り」「痩せ」などがあります。これらの問題は、十分な乾燥や製材のやり方によってある程度は防げますが、それにも限界があります。大工たちはいろいろな工夫を凝らしてこれに対処してきました。

割れに対しては、「背割《せわり》」が江戸時代に考え出されました。いかにも日本人らしい逆転の発想で生まれたものです。割れない方法を考えるのではなく、まず割れることは自然の摂理で防げるものではないとし、最初からノコギリで人為的に一本の割れ目を入れておくのです[図19]。割れるという現象は一番弱い箇所で発生しますから、人為的に入れた割れ部分に割れは集中します。この割れ目を目につかない面に施すか、壁のある間であれば壁のあたる所に割れ目を入れれば、目につく所には割れは発生しません。

板材などは時間の経過とともに反り上がったりすることがよく見られます。それを防ぐ知恵が、「蟻桟《ありざん》」です。身近なもので言えば、台所のまな板。木製のまな板には二本の足が付いています。この足は板が反り上がらないようにするために付いています。まな板が反っては板前さんはよい仕事ができません。建築でも反っては困る部分にはこのような処理が施されています。巨大なまな板をつくり、それを立てれば扉になります。唐招提寺金堂の扉も原理はまな板と同じです。内側には桟が付いています。

　木を乾燥させると痩せます。建築用材として使用する際はできるだけ乾燥させて使うことが望まれます。しかし、いかに乾燥させても、痩せなどの変形をゼロにすることはできません。痩せに対しても先ほどの背割と同じで、自然の摂理には逆らえないという発想から生まれたいろいろな工夫が見られます。たとえば、壁板など板類は痩せて幅が狭くなりますが、これに対応するために、柱や上の材の板溝に壁板の痩せる分を見込んで施工しています。

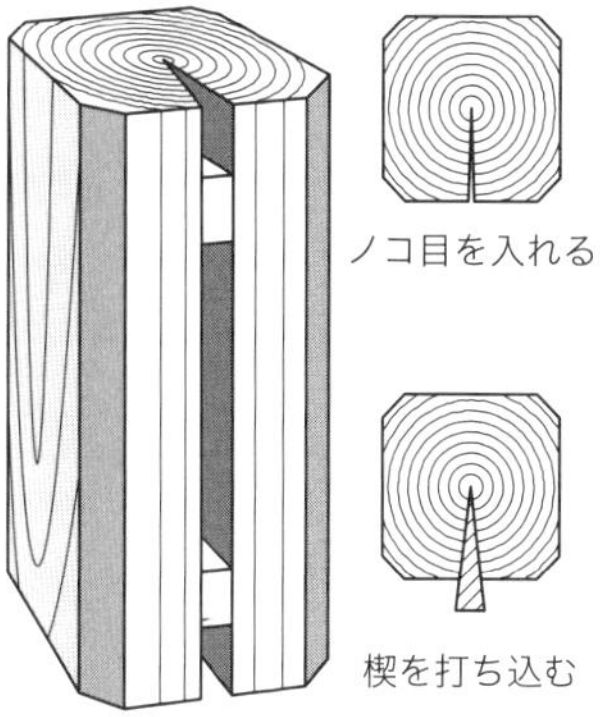

19桂離宮新御殿（京都府）の柱に施された背割。柱にノコ目を入れ、楔を打ち込んでいます（出典：斎藤英俊『桂離宮』草思社、1993年より作図）

木材の弾力性を生かす

逆に木材の性質を生かした工夫も見られます。木の弾力性を生かした工夫に、次のようなものがあります。材と材を重ね、上から力を加えると、馴染んである程度くっつきます。もう一工夫すれば、ピタッと隙間なく重なります。その工夫とは、たとえば垂木に板を打ち付ける場合、垂木の上面を真っ平らでなく、内側を角よりへこむように加工します。現在は電気カンナや台ガンナで仕上げるから難しいですが、以前はチョウナで仕上げていたので、これは特に難しい作業ではありませんでした。このようなかたちに加工すると、板を打ち付けた時に垂木の角がつぶれます。つぶれることによって、垂木と板がピタッとくっつくのです。

わが国の建築の木材加工技術を述べてきましたが、職人と木材の関わり合い方には大いに感心させられます。人間が自分たちの都合のよいように木材を征服しようとはしていません。木材が持つ性質を熟知し、建築として都合の悪い点は工夫することで克服し、また都合のよい性質はうまく利用しています。

第3章

伝統木造建築を守り、伝える

日本独自の保存・修理

建物に刻まれた情報を解読する

刑事ドラマで「現場百回」という言葉をよく聞きます。一番大切なことはモノの観察だということです。我々文化財に携わっている人間も同じです。時間さえあれば建物の観察に時間を割きます。文化財には、つくられた当時の文化、技術などの様々な情報が刻みつけられています。忍耐強い観察の積み重ねによって、これらの情報を解読するのです。建物を修理する時、特に解体して、不備な材を補修、再度組み上げる根本的な修理の際は、普段は見えない部分まで観察できるので、建物に刻まれた情報を解読する絶好の機会です。根本修理の際、建築当初の姿に復原することがよくあるのですが、解読の成果を生かしているのです。

目視による観察以外に、科学的手法があります。刑事ドラマで言えば鑑識です。近年大きな成果を上げている年輪年代法などが代表的なものです。樹木は気象条件の善し悪しに影響を受けながら、毎年一層ずつ年輪を形成します。気象条件の良い年は広い年輪、逆に悪い年は狭い年輪を形成します。年輪年代法は、この変化のパターンと使用木材の年輪を比較解析することにより、最も外側の年輪の形成年を捉えようとする調査法です。

奈良の元興寺《がんごうじ》極楽房《ごくらくぼう》禅室《ぜんしつ》（一三世紀前半）という鎌倉時代の建築の天井裏に、多くの建築部材が保管されています。昭和大修理の時、再使用に耐えられないものなどを保存しておいたのです。二〇〇〇年秋、わが国の年輪年代測定のパイオニアである奈良文化財研究所の光谷《みつたに》拓実《たくみ》氏がこの材の年輪を測定したところ、大変興味深い結果が出ました。材の一つから六世紀末に伐採した材が見つかったのです。

元興寺は、五九六年に創建した飛鳥寺を前身とし、七一〇年の平城遷都に伴い現在地に移り、造営されました。飛鳥寺から出土する瓦と同じものが極楽房本堂（一二四四年）と禅室の屋根に今も葺かれていることから、飛鳥寺から運ばれたと考えられています。平城遷都の際、移築しやすい建物が何棟か、飛鳥寺から移建された可能性も指摘されて

1元興寺極楽房禅室に保管されていた古材。右側の上から三つめが582年頃伐採された木材でつくられた巻斗（出典：光谷拓実「年輪年代法と文化財」『日本の美術』421号、2001年）

いました。したがって、年輪の測定結果は、この材が飛鳥寺創建時代の建築材である可能性が高いことを示したのです。屋根瓦同様、木材も輸送されたということになります。

ただ、ここで注意しなければならないのは、木材をそのままの形で輸送し再利用したのか、あるいは運んできた材を加工して利用したのか、二つの可能性があることです。

六世紀末の年輪を示した材は、巻斗《まきと》*という柱上にのる組物の部材です［図**1**］。年輪年代法で測定した結果では、巻斗は五八二年頃伐採したことがわかりました。この巻斗の最も大きな特徴は、木口斗であるる点です。木口斗とは、先に述べた通り、上にのる肘木と木材の繊維方向を直交させる技法です。山田寺廻廊、薬師寺東塔、東大寺法華堂、法隆寺東院夢殿、同食堂、唐招提寺講堂（元平城宮東朝集殿《ひがしちょうしゅうでん》）など、七世紀後半から八世紀の建物で多く確認されています。

ところが、これらより古い様式を示す法隆寺金堂や五重塔などは木口斗ではありません。ということは、現在の形に加工したのは平城遷都時の可能性が高いということになりそうですが、そうは簡単に問屋が卸してくれません。奈良時代でもすべての建物が木口斗ではありませんし、また、法隆寺金堂や五重塔の建立年代の結論が出ていないからです。五重塔の心柱の伐採年代は、年輪年代法により法隆寺創建年代に近い年代が出ましたが、組物等からは七世紀後半の年代が出て、建築の経緯がはっきりしないのです。

以上、元興寺の古材について、科学的な手法と目視による観察の結果を述べました。材料的には飛鳥寺創建時のもので間違いないと思われますが、現在の形に加工された時期については現段階では結論が出ません。ただ、以上のような考察ができたのは、古材が残っているからです。「モノ」が残っていれば「現場千回」「現場一万回」も可能です。将来、研究が発展し、あるいは技術が進展し、今は解読できなかったことが解き明かされる日が来るかもしれません。文化財は情報の玉手箱なのです。だから重要で、後世に伝えないといけないのです。

経年破損のメカニズムとその修理

今から一〇年以上前になりますが、法隆寺の世界文化遺産登録が議論されていた時のことです。最初、西洋の文化財の専門家は、法隆寺金堂や五重塔が今から一三〇〇年以上前のものであることをまったく信じませんでした。日本の文化庁の担当者がいくら説明しても、相手にしてくれない様子です。木材が一三〇〇年ももつなどということは、彼らにとって常識外だったのです。収蔵庫などの建物内にあるものであればともかく、外部にあって雨風にさらされているものが…。伊勢神宮が二〇年ごとに建て替える（造替）ことは彼らの知るところだったので、法隆寺も伊勢神宮と同じように建て替えられて、「カタチ」だけが一三〇〇年前のものを伝えていると信じて疑いませんでした。彼らの考えが変わったのは、実際に建物を彼ら自身の目で確かめてからでした。

このエピソードは、何も西洋の人は木造のことを何もわかっていないということを言おうとしたものではありません。西洋人の考えたことの方が常識的なのです。一三〇〇年以上も前の木造建築が現存している方が、ある意味非常識で、奇跡なのです。しかし、この奇跡を可能にしたのは、実はわが国の先人の知恵だったのです。

わが国の建築は木造です。木材は湿気等に弱く、すぐに腐朽しやすい性質を持っています。腐朽した部位は、修理により新しい材に取り替える必要があります。ということは、修理を繰り返すと、建築当初の材はどんどん減少し、最後にはなくなってしまうのでは？と心配されるかもしれません。しかし、我々の祖先は、木材が破損しやすいという自然の摂理を受け入れながら、建築をできるだけ長く維持できるように、経年破損に対応した構造を持たせ、さらにその修理方法を工夫することにより、石造建築に負けない寿命を獲得したのです。

建物は、先に述べた通り、柱を支持する基礎、柱や梁などからなる軸部、その上にのり屋根の骨組みとなる小屋組、柱から外に張り出した軒、軸部の足元に廻る縁などからなります。この構造を、経年破損という視点で見てみましょう。

図**2**の建物は、大きく二つの部分から成り立っています。重要な部分とそれを守るバリヤー部分の二つです。たとえばお堂であれば、本尊の安置された内陣を中心にそれを囲う柱などの軸組が最も重要な部分です。それを雨や直射日光から守るために、屋根が架けられます。柱などには、雨・風からのダメージを少なくするための塗装等が施され

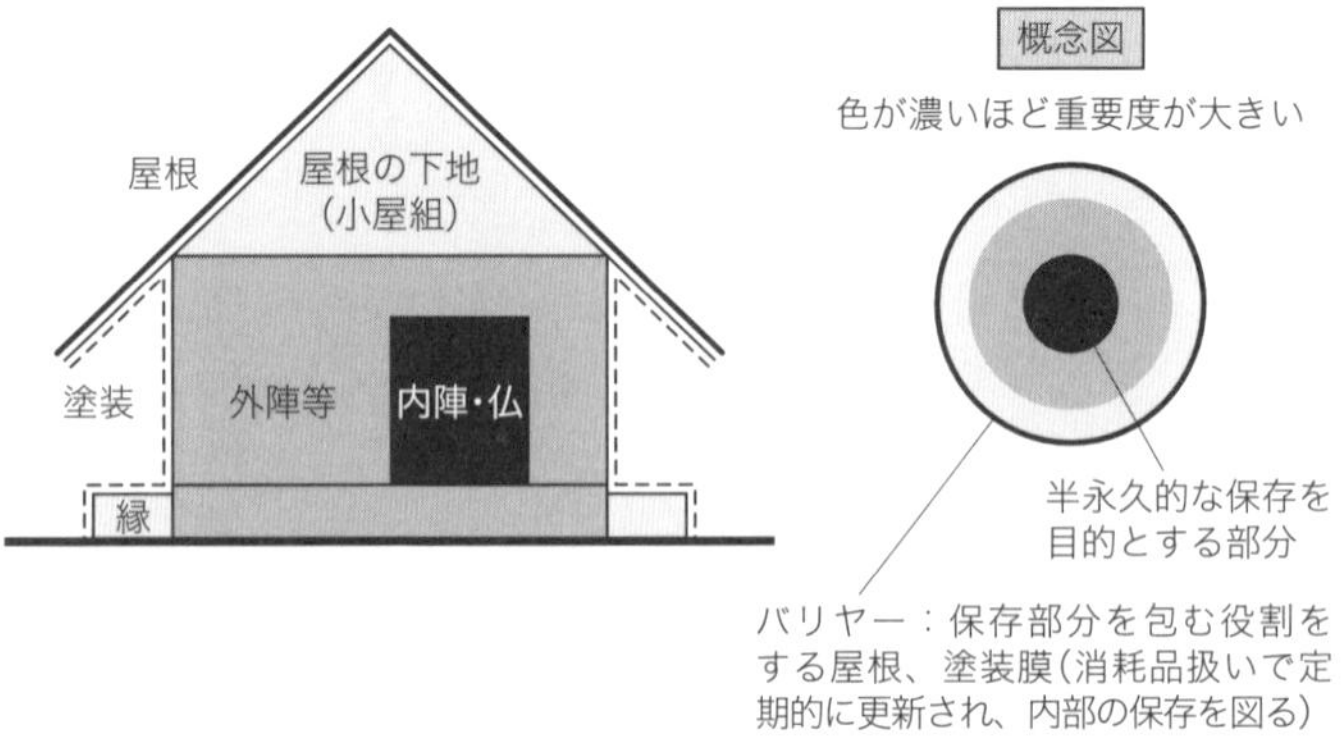

2日本の伝統木造建築の構造と保存手法

ます。柱足元はどうしても雨がかかるので、傷みやすい箇所です。建物周辺に廻される縁は、これを守る役目も持っています。屋根葺材や塗装などの表層部分は、いわば消耗品的扱いがされます。これを適切に取り替える（修理する）ことによって、重要な内陣を中心とする軸部などを守っているのです。わが国の伝統建築の大きな特徴として、屋根葺材に植物性材料が非常に多いことが挙げられます。これは、自然に恵まれ、豊かな森林を持っていたことと関係するのですが、短いサイクルで何度も繰り返し必要とされる屋根材に、鉱物性のものでなく、再生の可能な植物性資材を採用したのです。植物性であれば、適切な管理を行えば資材が枯渇することがなく、安価に手に入れることができます。

もう一つ、先人の知恵で指摘すべきものがあります。短いサイクルで繰り返し行われる屋根葺き替えなどの修理、これによって職人の技術が師匠から弟子へ確実に受け継がれるのです。修理には、人材と資材の二つが必要で、どちらも欠かすことはできません。短いサイクルがこれを可能にしているのです。

屋根や塗装で守られている軸部も、二〇〇〜三〇〇年すれば、緩んできたり、傾斜するなどの破損が見られます。このような時は、一度解体して不具合な所を修理し、また組み立てれば元の状態に戻ります。日本の伝統木造建築は、精巧な継手、仕口により組み立てられていることはすでに述べました。釘、金物類も、主要構造部である軸部、小屋組には用いられていません。釘類は、主に消耗品的扱いの部位、あるいはそれに近い部位に限られます。このような構造ですから、解体し、また組み上げる修理が容易にできるとともに、解体に伴う破損も最小限に抑えられるのです。

世界最古の木造建築である法隆寺金堂や五重塔は、屋根廻り、軒廻りの材には後世の修理で取り替えられたものが見られますが、主体構造部は昭和大修理まで建った当時そのままの姿だったのです。この背景には、このような先人の知恵が存在したのです。

伝統木造建築を守る制度

文化財保護の歴史

明治維新後の神仏分離や廃仏毀釈等の動きの中で、社寺の所有する歴史的建造物や宝物等は破却されたり、海外に流出するなどの危機にさらされました。旧体制下の産物である城郭建築等も多くが破却されました。近代化の名の下、有形、無形を問わず、わが国の伝統的なものが軽視される社会になりました。

このようなあまりに急激な社会変化に対して、その反動も起こりました。明治四（一八七一）年、「古器旧物保存方」という太政官布告が発せられ、「近来世上において新奇発明の物のみ貴重と考えて、旧を厭い、新を尚ぶ弊風を生じ、天下の宝器珍什の遺失を

3 文化財保護のための法整備

明治	4年	古器旧物保存方（太政官布告）
	21年	宮内省臨時全国宝物取り調局設置
	30年	古社寺保存法公布（社寺所有の建造物・美術工芸品を指定、保存）
昭和	4年	国宝保存法公布（社寺所有に限らず建造物・美術工芸品を指定、保存）
	25年	文化財保護法公布（史跡、名勝、天然記念物、無形文化財等保存の法律と合体）
		文化財保護委員会発足
	43年	文化庁発足
	50年	文化財保護法改正（伝統的建造物群制度、土地指定制度*の導入など）
平成	8年	文化財保護法改正（登録文化財制度の導入）
	16年	文化財保護法改正（文化的景観制度*の導入など）

憂うる」趣旨から、文化財の目録の報告を求めました。ただし、この中に建造物は含まれませんでした。

明治一三（一八八〇）年には「古社寺保存金」制度が公布され、全国の五三九の社寺に維持資金が配布されました。

明治の混乱が落ち着きを取り戻して、歴史遺産に対する保護政策の総括として、明治三〇（一八九七）年に「古社寺保存法」が、わが国最初の文化財保存の法律として制定されました。この法律では、保存の対象は社寺所有の建造物・美術工芸品に限られました。

昭和四（一九二九）年に「国宝保存法」が制定され、保存の対象が社寺所有という制限がなくなり、城郭や民家、近代洋風建築へと拡大しました。

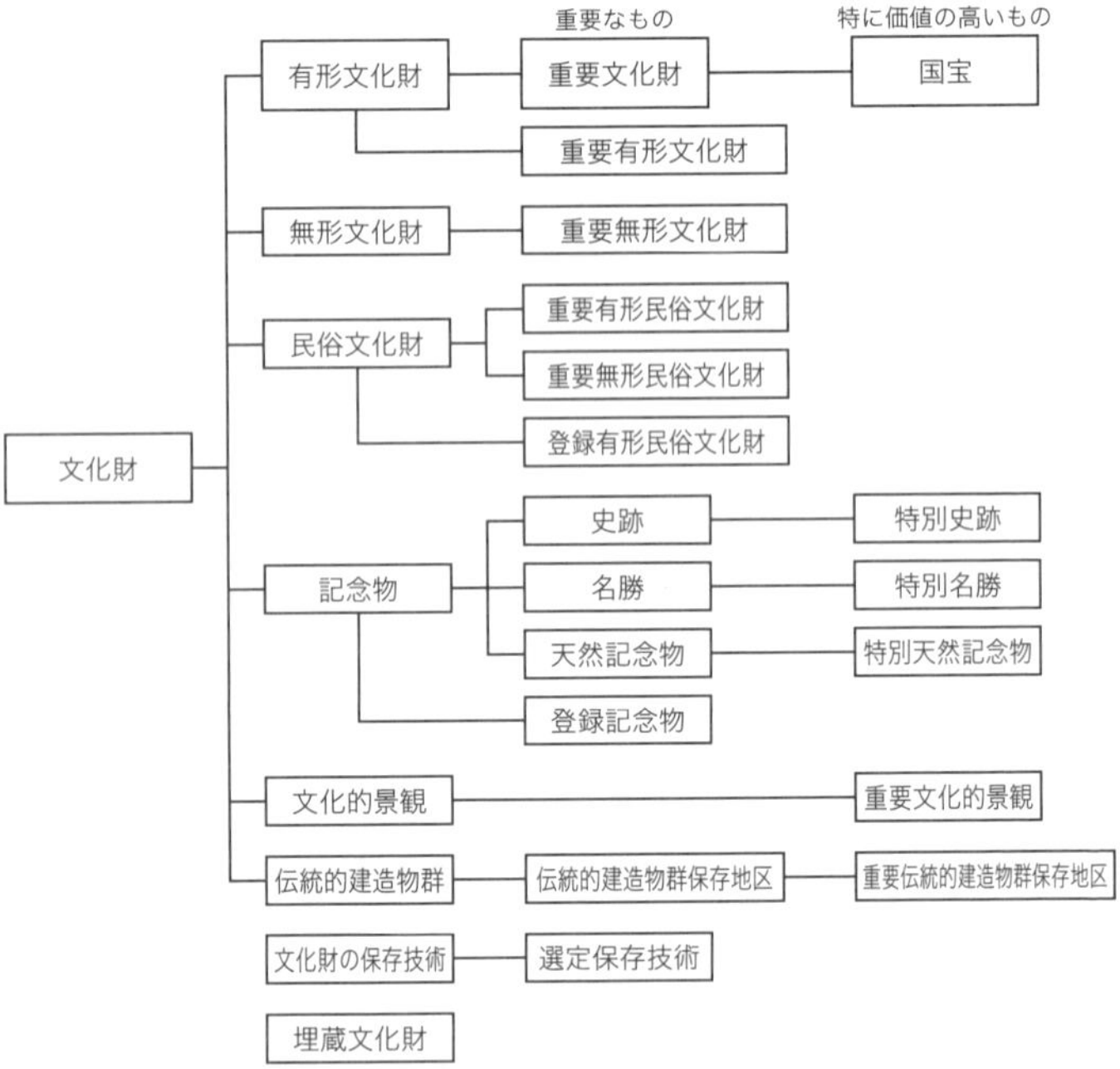

4 文化財保護の体系

昭和二四（一九四九）年に法隆寺金堂で火災事故が発生し、これを機に新しい法律「文化財保護法」が制定されました。新法は大正八（一九一九）年制定の「史跡名勝天然紀念物保存法」を含み、また新たに無形文化財、民俗資料や埋蔵文化財の保護まで包含した文化財の総合的法律となりました。その後の改正で、伝統的建造物群制度*や登録文化財制度*の導入などにより、保存の対象が拡大していきました［図3］。

文化財の保護は「指定」から始まります[図4]。重要文化財の指定は、一定の価値を保持しているだけではなく、同種の建造物の中で典型性を有するものから指定する仕組みとなっています。また国宝は、重要文化財に指定されたもののうちから、特に高い価値を有するものが指定されます。また、建造物と一体をなしてその価値を形成する土地や、建物の建築年代を示す史料（棟札《むなふだ》*等）なども併せて指定できます。現在、重要文化財建造物は四二三五棟指定されています[序章図1参照]。

文化財保存のための助成制度

重要文化財建造物としての価値を長く維持するためには、適切な日常管理と周期的な保存修理が欠かせません。しかし、管理または修理の中には多額な経費を要し、所有者が負担に堪えないものが多く、この場合には国から補助金を交付できることになっています。

この管理とは、防災設備、環境保全で、具体的には下記の通りです。

・防災設備：自動火災報知設備、消火設備、避雷設備等

・環境保全：周囲の危険木対策、崖崩対策、敷地排水整備等

後の項で詳しく説明しますが、わが国の文化財建造物の大半が木造であり、その保存のためには、屋根葺き替えなどの維持修理を三〇年前後の周期で、解体修理などの根本修理を一〇〇年ないし二〇〇年周期で実施する必要があります。国の重要文化財建造物保存修理補助金予算は、この周期で修理が実施できるよう積算し、財務省と折衝し、確保してきました。しかし近年は、国家の財政難の影響から、必要予算の七割から八割ほどしかなく、文化財保存にとって危機的状況と言っても過言ではありません。

平成八（一九九六）年度から始まった登録文化財は、重要文化財より規制が少ない代わりに助成は軽くなっています。修理事業のうち設計監理に要する経費に対して補助金が交付されます。

これらの助成制度は国のものですが、各都道府県、市町村指定の文化財においても基本的に国と同じような制度があります。

伝統木造建築を守る人々

技術者と技能者

伝統木造建築の保存修理に関わっている人と言うと、おそらく多くの読者は大工さんや左官さんなどの職人を思い浮かべることでしょう。たしかに彼らの存在なしに保存修理は考えられませんが、彼らだけでは十分ではないのです。

建築の現場では、建築士が建物の設計を行い、工事施工者（大工さんなど）がこの設計通りに施工しているかを監理しています。これは一般建築に限らず、伝統木造建築の場合もまったく同じです。もちろん文化財修理の世界も同じで、職人さんたちにいかんなくその技能を発揮してもらう仕事の指示書（設計書）を作成し、その指示通り施工しているか監理する人がいます。音楽の世界にたとえると、歌手あるいは演奏家が職人、作詞・作曲家が建築士に相当します。文化財修理の世界では、設計監理を行う建築士を「技術者」、工事施工を行う職人を「技能者」と呼んでいます。両者どちらが欠けてもよい仕事はできません。ただし、日本では近世以前は、施工も設計監理も棟梁一人でやっていました。音楽の世界のシンガーソングライターでした。

技術者

修理と言うと、その言葉のイメージから、新築と比較して内容的に単純で低レベルの建築行為のように思われがちです。たしかに屋根葺き替えや柱足元の補修など小修理は単純なものですが、こと半解体修理や解体修理など根本修理となると、建築行為としては新築とまったく同じなのです。いや、拘束される諸条件が多く、かえって複雑で高レベルな建築行為の場合が多いのです。新築の場合であれば、施主（建築発注者）から出されている諸条件を遵守することはもちろんですが、ある程度建築士の意志が反映したものを設計できます。しかし、根本的な修理になると、新築の場合の諸条件の他に、修理対象建物の特徴、価値などを理解し、できればそれをさらに伸ばし、かつ今後の活用に適しているものであることが求められます。伝統木造建築に精通していないとてもできない、高レベルな行為なのです。大工さんをはじめとする伝統技術を有する職人の仕事については、実際の作業はできなくても内容については熟知している必要があります。そうでなければ、職人さんに十分な指示ができません。

最近、建物を改造して利活用等の便を図るリニューアルがブームになっていますが、こと伝統木造建築の改造においては、その設計者が本当に木造の良さ、すばらしさを理解しているのか頭を傾げる物件が割と多く見られます。私が以前テレビ番組で見たリニューアル事例で、伝統木造建築を理解しその良さを残しながら、また別の新たな魅力を付加した物件が一つありました。その設計者はアメリカの建築家で、日本の伝統木造建築の魅力に取り憑かれて日本で建築活動をされている方でした。日本人でないことに複雑な気持ちで一杯でした。これが現在の日本の建築界の実情なのでしょうか。

文化財の場合は、以上のことから、設計監理を行う技術者を重く位置づけています。特に国の補助金を交付して行う修理事業においては、文化財に精通した文化財の修理を専門にしている技術者しか認めていません。そうしないと、修理において文化財の価値を損じる可能性が高いからです。技術者の仕事については、後で詳しく述べます。

現在、文化財修理の技術者は全国に二〇〇人ほどいます。文化財の多い滋賀県、京都府、奈良県には、文化財の技師が府県の職員として修理を担当しています。他の地域では、文化財保存修理を主業務とする㈶文化財建造物保存技術協会などに所属する技術者があたっています。

技能者

職人と言っても、多種多様な職種があります。でもやはり中心となるのは、大工さんです。その他に、屋根葺師、左官、建具職人、画工、彩色師、錺金具師、鋳物《いもの》師、畳工などが挙げられます。現在行われているほとんどの文化財の修理において請負制度が導入されていて、修理関係書類にも請負業者の名前は残りますが、職人の名前は残らず、職人の実態についてつかみにくいのが実情です。ただ、文化財修理技術者に聞くと、現在でも優秀な職人さんたちは多くいるが、昔と比べると激減しているとのことです。

人材の育成

伝統木造建築の保存には、修理の設計監理を行う技術者と、その指示に従って施工する技能者が必要なことはすでに述べた通りです。しかし現在、彼らが存分に働ける環境どころか、彼らを育成する社会的仕組みすらありません。細々と続いているのは、彼らが仕事を好きで続いていると言っても過言ではありません。学校教育の現場も同じ状況です。彼らの育成のためには、彼らに仕事を与えることです。しかし現在は、大量消費社会、「安かろう悪かろう」が罷り通り、質を追求するとか、後世に残る遺産をつくろう、将来を担う子供たちの学習環境を整えよう（少なくとも戦前の学校建築はその地方で最高のものをつくろうとしました）という気概がありません。

一九七五（昭和五〇）年に文化財保護法が改正され、文化財保存のために欠くことのできない伝統技術、技能を選定して保存措置を図る制度ができました。この制度は、文化財の保存に直接必要となる伝統技術のみでなく、工具や材料の作製、採取の技術をも保存の対象としています。そして、当該技術の保持者もしくは保存団体を認定しています。現在選定されている保存技術とその保持者は、以下の通りです。

〈保持者〉

・建造物木工＝松浦昭次
・檜皮葺・杮葺＝大西安夫
・規矩術（近世規矩）＝持田武夫

・屋根瓦葺（本瓦葺）＝山本清一・寺本光男
・左官（漆喰壁）＝奥井五十吉
・左官（古式京壁）＝佐藤治男
・檜皮採取＝大野豊
・建具製作＝鈴木正
・鋳物製作＝大谷秀一
・金具鍛冶＝横山義雄
・茅葺＝隅田隆蔵
・畳製作＝中村勇三
・金唐紙製作＝上田尚
・石盤葺＝佐々木信平

〈保存団体〉

・建造物木工・建造物修理＝㈶文化財建造物保存技術協会（以下、文建協）
・檜皮葺・柿葺・茅葺＝㈳全国社寺等屋根工事技術保存会（以下、屋根保存会）
・建造物彩色＝㈶日光社寺文化財保存会（以下、日光保存会）

・左官（日本壁）＝全国文化財壁技術保存会
・建造物装飾＝社寺建造物美術協議会
・屋根瓦葺（本瓦葺）＝日本伝統瓦技術保存会
・建具製作＝全国伝統建具技術保存会
・畳製作＝文化財畳保存会
・建造物木工＝NPO法人日本伝統建築技術保存会

現在、文化財の保存修理に携わる人材を育成するために、次のような研修が実施されています［図5］。

〈技術者に対して行うもの〉（括弧内は主催者）
・文化財建造物保存修理技術者養成研修（文建協）
・文化財建造物保存修理技術者中級研修（文建協）
・文化財建造物修理者研修（漆塗・彩色）（日光保存会）

〈技能者に対して行うもの〉
・文化財建造物木工技能者研修（文建協）
・文化財建造物彩色修理技能者養成研修（日光保存会）

5 修理現場で研修中の文化財修理技術者の卵たち

・文化財建造物屋根工事技能者養成研修（屋根保存会）
・檜皮採取者養成研修（屋根保存会）
・茅葺技能者研修（屋根保存会）

以上、伝統木造建築の保存・修理に携わる人材について概観しました。職人の存在は知っていても、この世界でも建築士（技術者）が欠かせないことを初めて知った方は多いのではないでしょうか。彼らのように、伝統木造建築の保存・修理の現場を陰で支える人材にスポットライトがあたってこそ、伝統木造建築が名実ともに市民権を得たと言えるでしょう。そんな日が一日も早く来ることを望んでやみません。

修理の実際

修理の方法・種類

修理は大きく分けて、維持修理と根本修理があります。維持修理とは、具体的には屋根葺き替えや塗装修理などです。「経年破損のメカニズムとその修理」の項で説明したように、わが国の伝統木造建築の保存手法は、外面にバリヤーの膜を施し、このバリヤーを手入れすることで建物本体を保存しようとするものです[図❷参照]。屋根においては、このバリヤーを堅牢さでなく、三〇年前後と比較的短い耐久性だが材料を半永久的に確保できる植物性材料を用いるやり方を選択しました。このことは、屋根職人の技術の伝承という副次的効果ももたらしました。塗装は、木部を風雨、紫外線等から保護す

❻大崎八幡宮本殿・石の間・拝殿（宮城県）の半解体修理（1999～2004年）。
屋根廻りの解体作業中。屋根葺材（柿）が解体され、野垂木が見えています

7周防国分寺金堂(山口県)の解体修理(1997～2005年)。組立作業中。金堂は二重の建物で、二重の柱まで組み上がったところ。大工さんが初重の小屋組の調整を行っています

ることが主目的ですが、装飾的要素も加わりました。組物などには、単色でなく、多種類の色を用いて文様や絵が描かれました。

これに対して根本修理は、建物本体の修理です。バリヤーの手入れを行っていても、一〇〇年ないし二〇〇年経過すると、建物本体が緩んだり、腐朽が進んだり、不同沈下を起こしたり、あるいは荷重等により部材が変形、折損するなどの症状が現れます。これらを補修するために、建物の全体あるいは部分を部材一本一本まで解いて腐朽箇所等の補修を行い［図6］、再び組み上げます［図7］。この修理は一から組み上げるのですから、新築とまったく変わりません。このような修理を解体修理と呼んでいますが、この手法が可能なのは木造だからです。煉瓦造や鉄筋コンクリート造ではきわめて困難で、不可能と言ってもよいかもしれません。

重要文化財に指定されているような法隆寺金堂、薬師寺東塔などの古い建物は、維持修理、根本修理を適切な時期に繰り返し実施して、現在まで伝えられたのです［図8］。維持修理、根本修理は、建物を保存するための修理です。これらの修理なくして伝統木造建築を保存することはできません。これに対して、台風、地震などの自然災害や人為的な行為によって破損した箇所を修理することがあります。同じ修理でも、先ほどの

8 根本修理と維持修理の周期例（出典：関美穂子『古建築の技 ねほり、はほり』理工学社、2000年所収の伊原恵司氏作成資料より作図）

時代	西暦	法隆寺金堂（奈良県） 木割大、良質檜、本瓦葺	桑実寺本堂（滋賀県） 木割標準、檜・松、檜皮葺	西願寺阿弥陀堂（千葉県） 木割細、松・杉、茅葺
飛鳥	600年			
		680年 建立		
	700年			
奈良				
平安	800年			
	900年			
	1000年	995～1003年 半解体		
	1100年	1094年 軒支柱		
鎌倉	1200年	1229年 屋根替え		
	1300年	1283年 丹塗り		
室町		1374年 修理	1334～91年 建立	
	1400年			
		1461年 敷瓦		
	1500年			1495年 建立
			1576年 修理か	
安土桃山	1600年	1603年 半解体	1640年 半解体	
江戸			1654年 屋根替え	1649年 大修理
	1700年	1696～98年 屋根替え	1716年 半解体	1690年 屋根替え 1715年 屋根替え
	1800年		1791年 屋根替え	1780年 半解体
		1835年 屋根替え		
明治	1900年		1896年 修理	
大正			1914年 屋根替え	1927年 解体
昭和		1952年 解体	1951年 屋根替え	1954年 屋根替え
平成	2000年		1983年 解体	1983年 屋根替え

保存のための修理とは行為自身は似ていますが、目的が異なりますので、分けて考えるべきです。

文化財と一般建築の修理の違い

文化財に指定された建物の修理は、一般のものとは異なっている所があります。修理ですから、傷んだ箇所の補修は当然行うのですが、文化財の場合は次のような点が特徴的です。

材料は、構造等に支障がない限りできるだけ再使用します。したがって、つぎはぎだらけになることがよく見られます。建物を構成する各部材には、先に述べたように、多くの歴史情報がインプットされています。歴史情報とは、たとえば改造の痕跡、当時の大工道具の加工痕跡などです。近年、年輪年代測定法によって、室生寺五重塔（八〇〇年頃）、宇治上神社《うじかみじんじゃ》本殿（一〇六〇年頃、京都府）、安楽寺八角三重塔（一二九〇年代）などの建築年代が判明しました。年輪年代測定の調査法は、ここ二〇年ほど前に開発されたもので、それ以前は年輪で年代が判明するということは想像もつかなかったことでした。

文化財の修理においては、できるだけ多くの材を残すことによって歴史情報を保存するという大きな役割があります。

もう一点特徴的なことは、学術的な調査成果を踏まえ、また今後の活用や管理を考慮して、修理整備方針が決定される点です。建物を徹底的に調査し、その建物にとって最も文化財的に見て好ましい姿に整備されます。

対象が文化財という特殊なものであっても、修理の体制は基本的には一般建築と同じです。施主（建物所有者）、設計監理者、施工者の三者が存在します。わが国の文化財修理の場合、すでに述べたように、設計監理者、つまり文化財修理技術者に文化財を扱う専門性を求めています。具体的には、彼らは以下のような業務を行います。

〈一般建築と共通する業務〉

・工事の設計書作成
・工事の管理

〈文化財特有の業務〉

・修理対象建物の実測調査
・修理対象建物の仕様・工法等調査

9 平等院鳳凰堂翼廊の板蟇股の拓本(出典：奈良文化財研究所飛鳥資料館編『A0の記憶』2002年)

・修理対象建物の破損調査およびその原因の究明
・修理対象建物の歴史的調査
・修理対象建物の痕跡調査
・文献調査
・写真撮影
・彫刻材等の拓本《たくほん》＊採取［図9］
・工事実績、調査成果等をまとめた修理工事報告書の編集
・修理対象建物の保存用図面（ケント紙、墨入れ）作成［図15参照］
・その他

以上のように、調査事項が多いことが、文化財修理の大きな特徴です。この調査によって建物を理解し、文化財としてふさわしい修理方針を策定し、工事を実施するのです。したがって工事は、建物を調査しながらの解体工事と、修理方針策定後の組立工事の二期に分かれます。

〈前半〉

・解体工事発注
・解体工事と建物の諸調査
・現場サイドの修理方針案作成
・文化庁等行政サイドと修理方針協議
・復原等、建物の形状を変更する場合、文化庁に現状変更手続き
・修理方針決定
〈後半〉
・組立工事発注
・工事管理
・竣工
・修理工事報告書刊行

文化財修理は当初復原が原則か

「文化財に指定された建物を修理する場合、復原することになっている」「文化庁や現

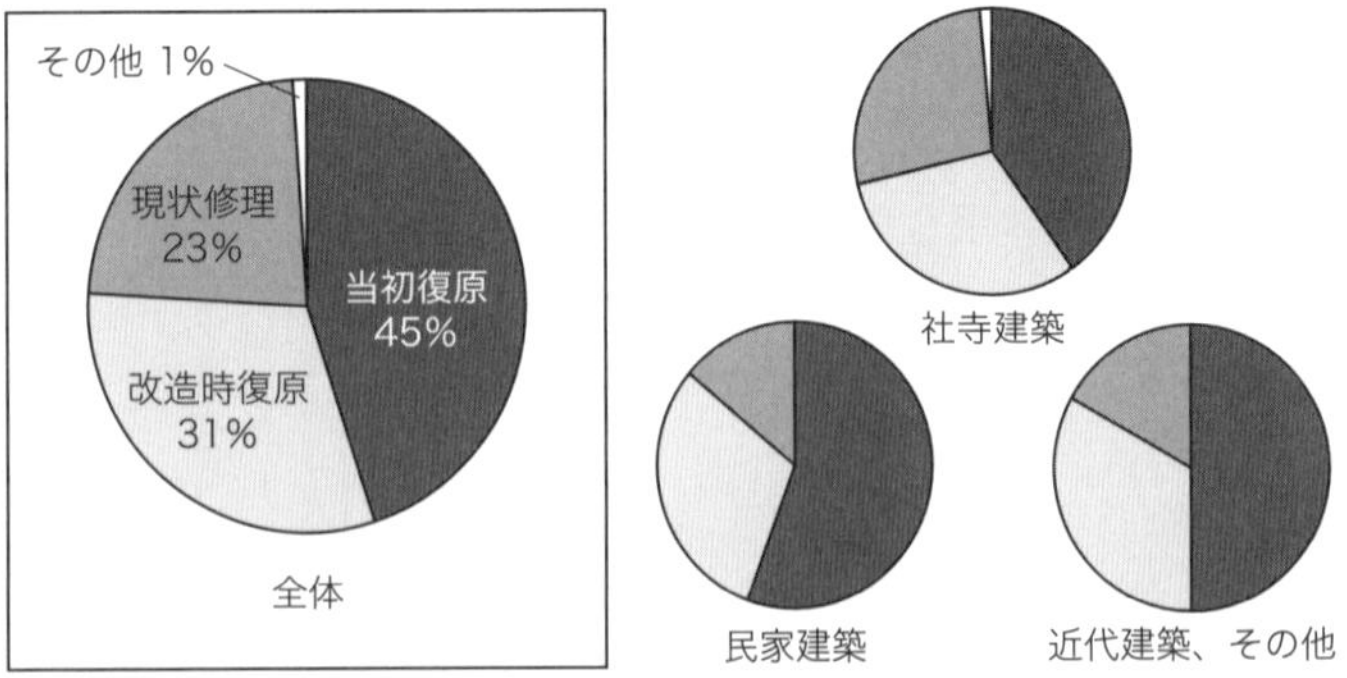

10建物種類別修理方針の割合（平成４～13年度）

場の文化財修理技術者は、建築当初の姿に復原することが最善だと考えており、とにかく復原を目指す」と思っている方が割と多いようです。

実際に過去の事業実績から、これらの意見を検証しましょう。平成四（一九九二）年度から一三（二〇〇一）年度の一〇年間の重要文化財建造物保存修理の統計結果をとりました。この期間に一一〇件の解体修理、半解体修理が実施されました。年平均一一件となります。このうち約六三％が社寺建築、約二六％が民家、約一一％が近代建築、その他です。

復原と言っても二種類あります。一つは建築当初の姿に復原するもの、もう一つは後世の改造時の姿に復原するものです。重要文化財のように建築後相当の年数を経ているものは、今日に至るまでに何回かの修理を受けています。修理にあたってかたちを変えることもよくあります。後者は、この時点に復原するものです。

一一〇件の事業について、次の四つに分けて統計をとりました。

①建築当初の姿に復原

②後世の改造時の姿に復原

③現状の姿のままで修理

④その他

その結果をまとめたのが図10です。全体では、当初復原が約四五%、後世の改造時復原が約三一%、現状修理が約二三%、その他が約一%です。建物の種類別では、社寺建築で現状修理が割と多いこと、民家では当初復原が多く、現状修理が少ないこと、近代建築、その他では先の二者の中間的な値を示しているなどの特色が認められます。

文化財修理の場合、工事中の各種調査によって建物の特徴、文化財的価値等を把握し、文化財としてふさわしい修理方針（復原するかどうか）を策定します。つまり、「文化財に指定された建物を修理する場合、復原することになっている」「文化庁や現場の文化財修理技術者は、建築当初の姿に復原することが最善だと考えており、とにかく復原を目指す」のではなく、ケースバイケースで決定しているのです。

文化財修理事例

修理事例1　玉林院本堂（重要文化財、京都府）

玉林院《ぎょくりんいん》は京都市にある大徳寺の塔頭《たっちゅう》寺院の一つで、本坊伽藍の西方に広がる塔頭群の中に寺地を占め、本堂と茶室の南明庵《なんめいあん》が重要文化財に指定されています。現在、本堂の解体修理が行われており、すでに修理の方針が策定され、平成二〇（二〇〇八）年度の竣工を目指して組立工事が進められています。

調査の結果、元和七（一六二一）年建築当初の姿は、大徳寺山内塔頭寺院の室町後期の小規模な仏間から漸次規模が拡大するのに伴って仏間《ぶつま》*も大きくなり、最終的には開山像を中心に安置する構えとなる変遷過程の中で、近世以降の仏間が拡大した時期の特徴をよく示した遺構であることが判明しました［図11］。

建築後、寛文一一（一六七一）年頃、江戸時代後期、明治等に大きな改変があり、間取り、屋根葺材等が改造されました。

寛文一一年は開山の五〇年忌にあたり、この時代は仏壇での開山の祀り方が絵像から

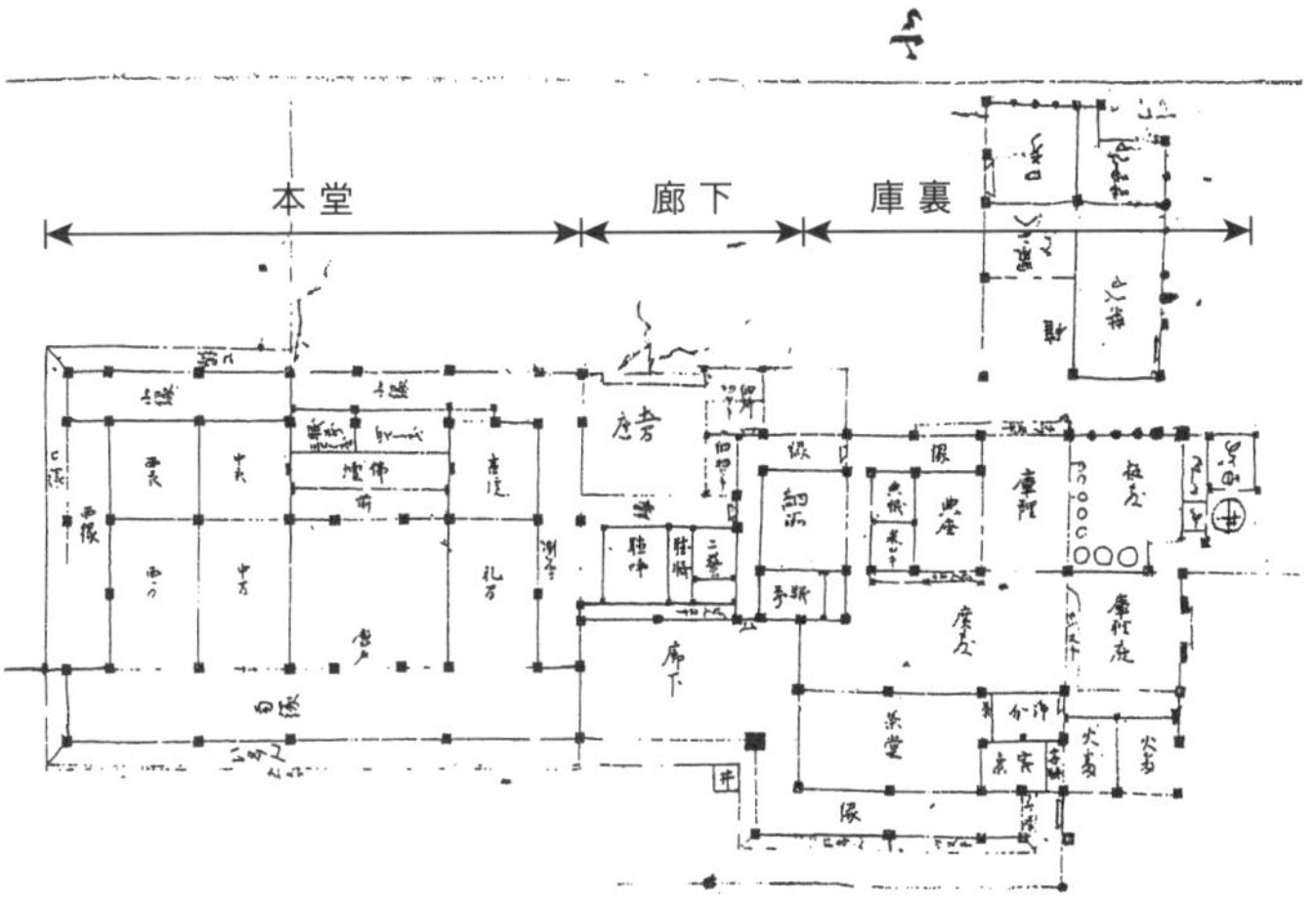

11 玉林院本堂の建築時（1621 年）の玉林院所蔵古図。左半に本堂、右半に庫裏が描かれ、両棟を廊下で接続しています。間取り、部屋名を知ることができます（出典：㈶文化財建造物保存技術協会編『平成 17 年 10 月文化財建造物保存事業主任技術者研修会』2005 年の図を加工）

彫像に変化していたことから、当寺においても彫像を新たに製作し、それを安置するために仏壇の奥行を深くするなどの改造を行いました。

江戸時代後期に屋根の檜皮葺を桟瓦葺に改め、明治に入ると、本堂の東に廊下を介して建っていた庫裏《くり》*が解体撤去され、同二七（一八九四）年には小屋組の改造等が行われました。

以上のように、現場の修理技術者の調査により、建物の特徴、文化財的価値、建立からの変遷等が明らかとなりました。建物の所有者、行政、修理技術者が協議の結果、建築当初

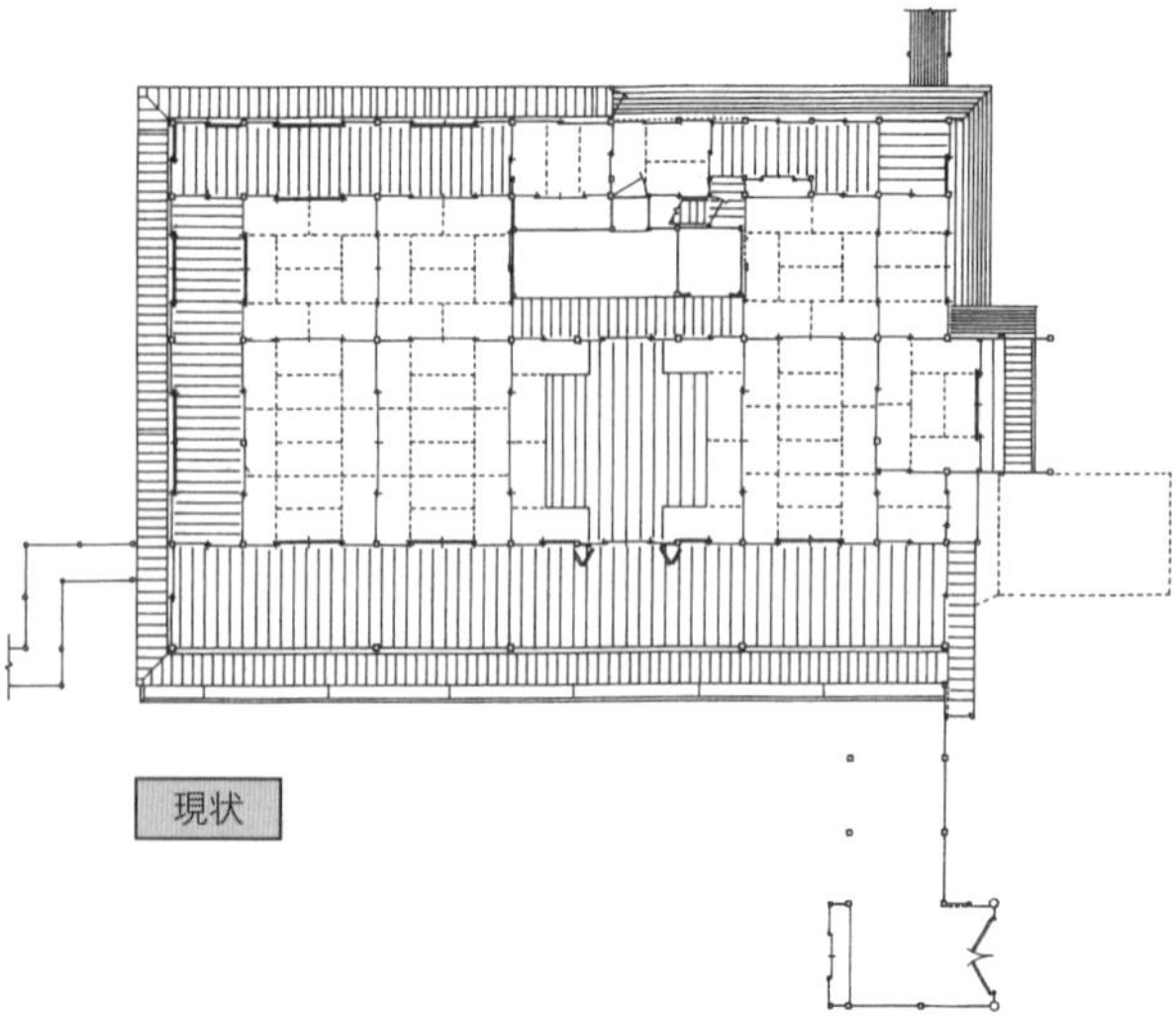

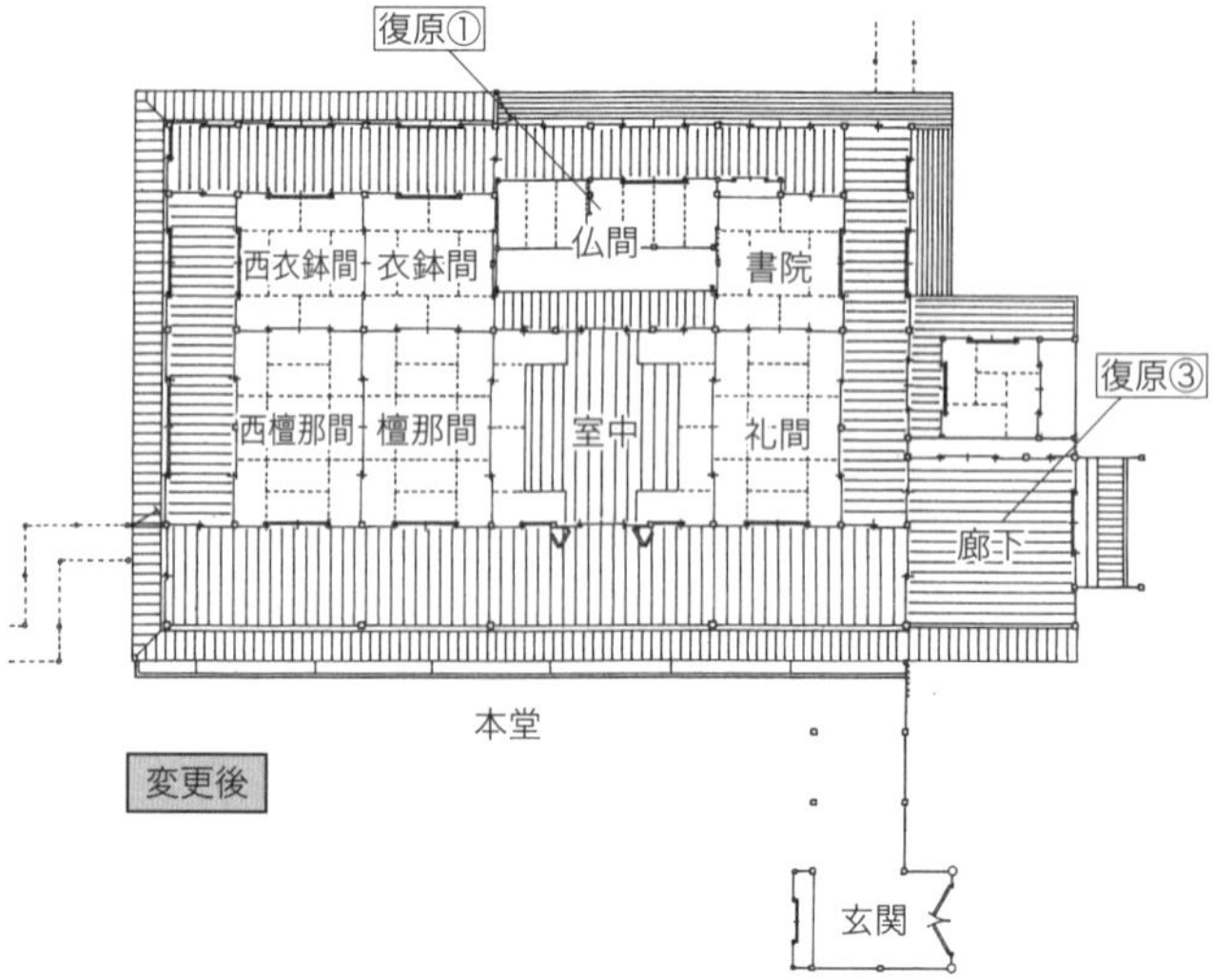

12 玉林院本堂の現状および変更後平面図（出典：㈶文化財建造物保存技術協会、前掲書(p.169)の図を加工）

の姿に復原することが最もふさわしいという結論に至りました［図12］。主な復原内容は、以下の通りです。

①仏間廻りの復原（寛文一一年の開山影像安置による改造箇所の復原）
②屋根を桟瓦葺から檜皮葺に復原
③本堂東面の本堂・庫裏間の廊下の復原

このうち③の廊下の復原は、当修理において大きな意義を持つ内容です。廊下は明治に撤去され残っておらず、廊下に関する資料としては、本堂部材に残る取り付き痕跡、本堂の軒廻り等に転用された一部の材料、そして建築当初の平面図があるだけでした。復原に踏み切った大きな要素は、廊下の歴史的意義でした。ここの廊下は、ただ建物間を繋ぐ渡り廊下ではなく、本堂と庫裏の間にあって住職と寺僧の連絡調整を行う秘書役の僧の部屋があるなど、当時にしか見られない特徴的なもので、しかも、この種の現存遺構がなかったからです。

修理事例2　生和神社末社春日神社本殿（重要文化財、滋賀県）

生和《いくわ》神社は滋賀県南部、琵琶湖東岸の野洲市富波乙《とばおつ》に位置し、藤原忠重を祀る古社です。社殿のうち、本殿と末社春日《かすが》神社本殿が重要文化財に指定されています。本殿は、様式、技法等から室町時代の建立と考えられ、末社春日神社本殿は、本殿より古式な技法が見られることから、鎌倉時代にさかのぼる建築と考えられてきました。近年、末社春日神社本殿の解体修理が実施され、新知見が得られるとともに、それをもとに復原されました［図13］。

建物は一間社《いっけんしゃ*》流造《ながれづくり*》、檜皮葺の小規模な本殿で、正側面に縁が廻り、組物は身舎が舟肘木《ふなひじき*》、庇（向拝《こうはい*》）が連三斗《つれみつど*》になり、滋賀県下で一般的な形式です。工事に伴う調査により、手挟《たばさみ*》と呼ばれる部材の表面に建築当初の斗の痕跡が発見され［図14］、また垂木と棟木の納まり、垂木の強い反りなどから、建築年代は境内地を現在地に移した弘長二（一二六二）年頃と考えてよいとの結論に達しました。建築当初の姿と、その後の変遷についても、おおよそ明らかになりました。

建築当初の姿は、修理前とはかなり異なる特徴ある姿でした。螻羽《けらば*》は出が修理前の七割ほどしか出ておらず、縁は正面だけでした。庇の組物は連三斗でなく平三斗で、斗は正方形でした。また垂木と斗は六枝掛の制になっていませんでした。これらの形式は、宇治上神社本殿など鎌倉前期以前の建築に見られる時代的特徴です。

建築後一〇〇年ほどして、大改築が行われ、ほぼ現在見られる形になりました。螻羽

⑬生和神社末社春日神社本殿(出典：滋賀県教育委員会編『重要文化財生和神社末社春日神社本殿保存修理工事報告書』2006年)

⑭生和神社末社春日神社本殿の手挟に残る痕跡。向拝の当初巻斗の圧痕が残っています。これにより、建築時の向拝の組物の状況およびその他多くのことが判明しました(出典：滋賀県教育委員会、前掲書の写真に加工)

の出を大きくし、庇の組物を平三斗から連三斗に改めました。斗が長方形のものに取り替えられ、六枝掛の納まりとしました。縁を側面にも廻しました。

さらに四〇〇年ほど後の寛延四（一七五一）年には、経年による破損が相当進んだと見え、柱など軸部材の多くが新しい材に取り替えられました。

以上のように、工事に伴う調査によって、この本殿が流造本殿として最古の部類に属すること、建築当初の姿は滋賀県下の中世一間社流造本殿では見られないもので、流造本殿の時代的変化を捉える上で非常に貴重な遺構であることがわかりました。できれば当初の姿に復原したかったのですが、庇組物、縁廻り等の詳細を知る資料が不十分であったため断念し、建築後一〇〇年後の改造時の姿に復原しました。文化財修理において、資料が十分調わない場合、復原しないというのが大原則です。

以上、実際の文化財修理を二例紹介しましたが、いずれも文化財を徹底的に調査し、それをもとに建物の特徴、文化財的価値をできる限り突き止め、文化財として最も好ましい姿について議論を重ね、復原等の方針を決定しています。前者が当初復原、後者が後世の改造時の姿に復原と、結果は異なりますが、基本的な考え方はまったく同じです。

文化財修理の成果の蓄積と公開

「修理工事報告書」と「保存図」は、わが国の文化財修理において世界に誇れる成果品です。「修理工事報告書」とは、修理の概要、文化財修理技術者等が実施した調査の成果、修理対象建物の写真、工事中の写真、図面等を掲載したもので、事業完了時に関係機関に配布されます。文化財修理技術者が常駐する修理事業では必ず刊行することになっています。この報告書の編集執筆も、現場の文化財修理技術者があたります。一九二九（昭和四）年の東大寺南大門のものを第一号とし、現在は優に一〇〇〇冊を超えています。これは世界に誇れることで、他の国においてこのような実績のある所はありません。

文化財修理の業界で「保存図」と呼ぶ図面があります［図15］。修理対象建物の平面図、立面図、断面図、見上図、詳細図等の図面です。この図面作成も、文化財修理技術者の仕事です。図面は、事業完了後、文化庁に提出され永久保存されます。こういうことから、この図のことを「保存図」と呼んでいます。ケント紙に描かれ、墨入れされます。文化財修理技術者は、建物の調査等を通じて知り得た建物の特徴なり価値を図面で表現

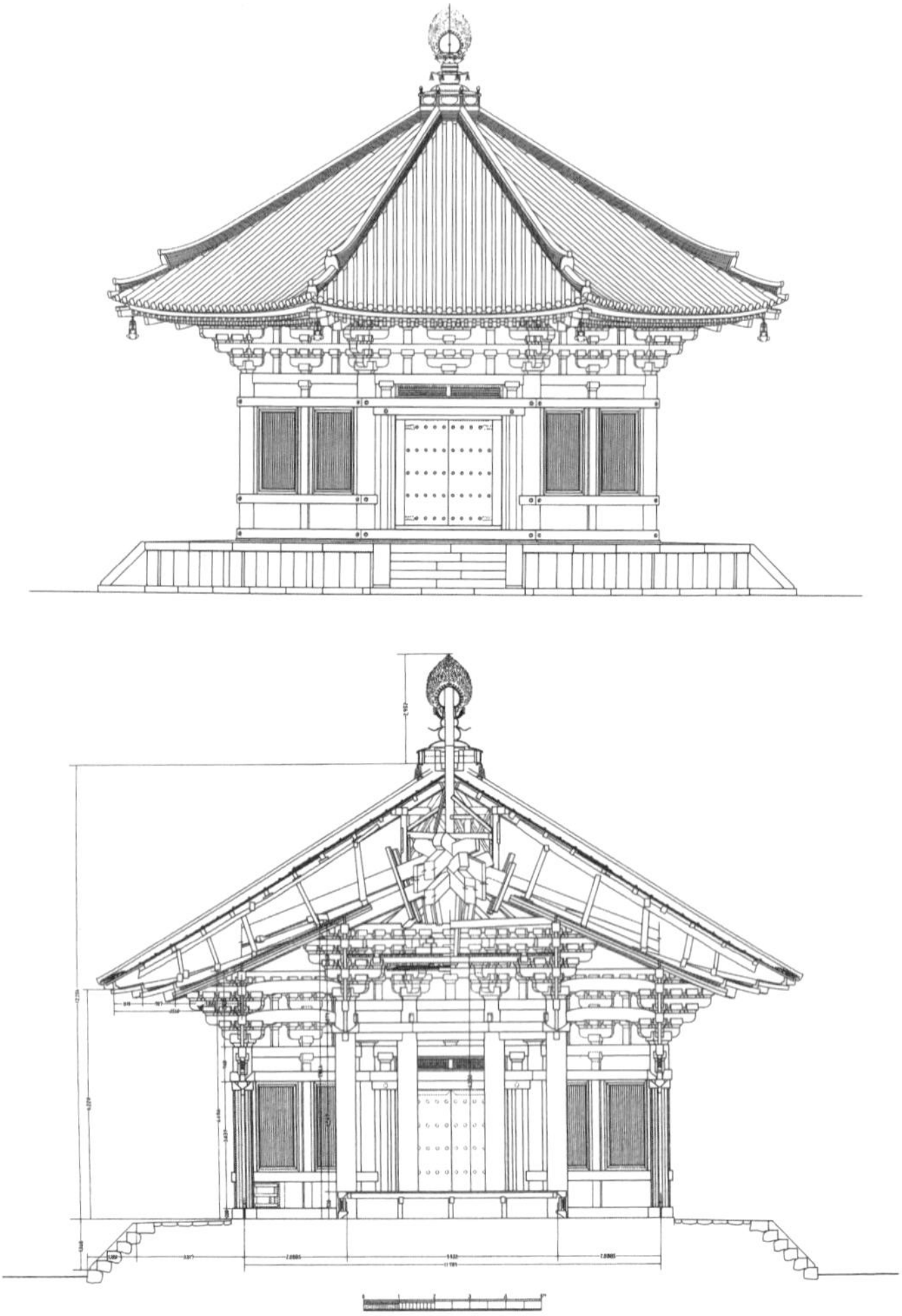

15保存図の例。興福寺北円堂の立面図・断面図（出典：奈良県文化財保存事務所編『重要文化財興福寺大湯屋・国宝同北円堂修理工事報告書』1966 年）

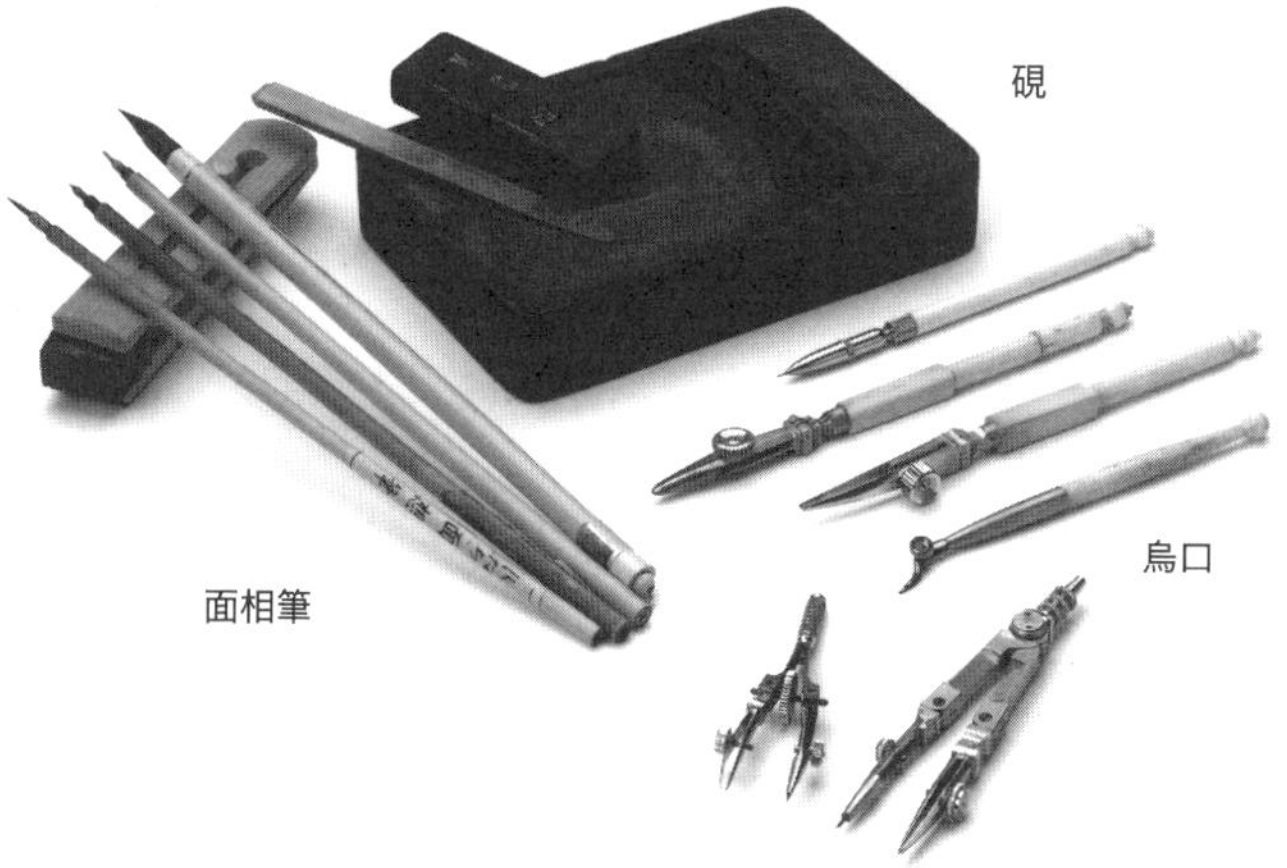

16保存図を描く道具（出典：奈良文化財研究所飛鳥資料館編『A0の記憶』2002年の写真に加工）

します。したがって、この図は単なる建物の実測図ではありません。直線は現在最もきれいな線が引ける烏口《からすぐち》という道具で墨入れします［図16］。軒の線等の曲線は建物ごとに異なるので、薄い板（桜材等）で豆カンナ等を駆使して特別の定規をつくります。この定規は外注するのではなく、図面を描く人が自ら作成します。彫刻等の線は面相筆を使います。

保存図の作成は、文化財の保存修理事業が開始された一九〇〇（明治三〇）年以来営々と続けられ、現在約三万枚の図面が保管されています。これも世界に誇れる偉大な成果です。

このように修理の成果は、今後の文化財保護行政にも、また学術研究にも資するよう蓄積・公開されているのです。

伝統木造建築を社会で守るために

学界・教育・社会の木造建築離れ

「わが国の建築は木造で終始してきました」と、本書の最初に述べました。そして、その質の高さは、世界最古の木造建築、世界最大の木造建築を持っていることから詳しい説明はいらないでしょう。しかし、現在はどうでしょうか。胸を張って今もその伝統を守っていると言えるでしょうか。

建築学界のモノ離れ

以前は、建築学界も伝統建築に深く関わっていました。文化財修理においても、三〇～四〇年前までは第一線の先生方が関わりました。そして、その現場での経験は、学生に伝えられました。しかし、近年は学界と伝統建築の現場の距離はどんどん遠くなり、当然、学生への伝統建築に関する教育も希薄になります。

学界の現場離れ、モノ離れを端的に表している例として、日本建築学会大会での発表論文の内容があります。二〇〇六年度の歴史・意匠関連の論文三九三本のうち、社寺建築など近世以前の建築に関するものは五八本しかありません。これが、世界最古、最大の木造建築を持つ国の建築歴史研究の実態なのです。

建築教育の問題

筆者の知り合いの大学の先生がぼやいていました。「大学の授業で伝統的な木造建築の実測演習を行ったが、実測図を描かせて、愕然とした。ほとんどの学生が木と木の納まりを理解できていない。以前はこのようなことはなかった。情けない」。その原因について、彼は次のように言っていました。「今の木造住宅の大半は、木が外に見えない、化学製品で覆われた家である。このため、若い人たちは伝統的な木造建築との付き合いがない。これが最も大きな原因だろう」。

このような状況なので、木材に触れる機会がほとんどなく、樹種の区別がつかない若い人が多いのです。文化財修理技術者の一年生の中にも、檜、杉、松、欅等の区別がつかない人が多く見られます。

大学のカリキュラムの中に木造建築に関するものが少ないことも大きな問題です。現代の建築界において、伝統木造建築がメジャーでないことからこのような事態になっているのでしょうが、千数百年の歴史を持つ木造建築文化大国の大学教育としていかがなものでしょうか。

小学校や中学校の校舎の造りも問題だと思います。防火的、構造的配慮から鉄筋コンクリート造や鉄骨造にするのはよいとしても、内装までコンクリートむき出し、あるいは化学的な工場製品で仕上げるのは問題ではないでしょうか。内装くらい、木造建築文化の国として木材を使用すべきではないでしょうか。もちろん集成材などの木質材でなく、無垢材です。日常生活の中で木と触れあうことは、教育上も好ましいと思います。

本物の木を知らない国民

観光地に行くと、ガイドさんが文化財などについて次のような説明をしている場面によく出会います。「この建物は、木と木を巧みに組み上げて釘を一本も使っていません」。それを聞いてみな感心しているところを見ると、多くの日本人はこれを信じているようです。しかし、先に説明したように、これは真実ではありません。法隆寺金堂でも唐招提寺金堂でも大量の釘を使っています。しかし、使う部分と使わない部分があるのです。軸部など主要な所は釘を使用せず、屋根廻りなど短い周期で修理を繰り返す、消耗品的扱いの部位を中心に釘を使用しています。伝統建築以外の現在の木造建築はこのような配慮がなく、建物の中心的構造材まで、適切な組み方をせず、金物でごまかしているのです。建物をできるだけ長くもたせようとする、わが国の先人の知恵を忘れているのです。いや、建物をできるだけ長くもたせようとする考えもなくなったのかもしれません。これでは、二〇~三〇年しかもたない掘立柱建築と変わりません。

近年、文化財の修理現場が一般に公開される機会が増えてきました。現地で修理関係者が見学者に対して解説を行うと、次のような質問がよく出ます。「柱の割れが入っていますが、大丈夫ですか」「施工が悪かったのですか」。

たしかに柱には割れが何本も入っています。修理関係者は「割れが入っても大丈夫ですよ。生きている木だから割れが入るんです。国宝の建物でも割れが入っていますよ」と回答します。どうして多くの人がこれほど木の割れを気にするのでしょうか。現在とりわけ都市部では、無垢の木でできた家に住んでいる人は少なく、普段目にする木は集成材や合板です。集成材や合板は割れることはありません。割れたら欠陥商品です。現代人にとって集成材や化粧合板が木の主流になってしまっているのです。

これまで主流であった伝統木造建築の世界は、特殊な世界となってしまいました。一般の人々と本物の木との付き合いが減り、木に対する理解が希薄になっていることは憂慮すべき事態です。当然、伝統木造建築の保存についても理解を得ることは難しくなり、ひいては世界に誇る木造建築文化の存続すら危うい状況と言わざるをえません。

修理に必要な資材・人材の枯渇

資材・資源として見た木と石

伝統木造建築を保存するためには、先に述べましたが、適切な周期で修理を繰り返す必要があります。修理の際、屋根材や外部の塗装など消耗材はすべて取り替えます。その他、外部の腐朽した箇所は新しい材料に取り替えます。したがって、伝統木造建築を保存するためには、屋根材や塗装材、木材などの資材が必要であることは言うまでもありません。

ここで、建築材料の代表選手である木と石を建築資材という視点で比較してみましょう。強度、耐久性といった物理的側面では、石は木よりはるかに高い性能を持っています。ただし、石は劣化が始まったら、それを止めることはできず、補修はきわめて困難です。しかし木材の場合は、解体して傷んだ部分を補修し、あるいは解体しなくてもジャッキアップするなどして部分的に補修すれば、ほぼ健全な状態に戻すことができます。

次に両者を資源として見たらどうでしょうか。鉱物性の材料である石は、資源としては絶対量が決まっており、使い尽くせばなくなります。一方、植物性材料である木は、適切な管理の下、植林を繰り返せば資源としては無尽蔵です。ただし、管理を怠ればあっという間に枯渇してしまいます。

以上のように、両者には一長一短がありますが、わが国の場合は木造を選び、それを維持するために森などの資材を生産する環境を整えてきたのです。木材などの資材は、木造建築を保存するためには切り離すことのできないものなのです。

修理に使用される資材

伝統木造建築に使用される材料を部位ごとに見ると、地面に据えられ、建物を支える礎石に石、建物の骨格となる構造材に木材、屋根を葺く材料として瓦、檜皮、板、茅など、壁に土、板、建具に木と紙が使われます。その他、木と木を結合するために釘、装飾するための彩色顔料や金具等が用いられます。当然、修理においても同じものが必要となります。

伝統木造建築には、長い経験の中で得た知識を反映し、いろいろな工夫がされています。湿気の多い所にはこれに強い材を、荷重が多くかかる所にはつぶれにくい材を、曲げ力がかかる所にはこれに強い材といったように、適材適所に材料が用いられています。経済性ももちろん大事ですが、環境、立地条件等に合った材料、仕事が施され、建築の質が大切にされてきました。

国宝重要文化財建造物の保存修理は、年間約一二〇件ほど実施されています。文化財修理技術者が常駐する根本的な修理は、そのうち三分の一ほどで、ここで多くの木材が取り替えられ、消費されています。

文化庁が過去に実施した調査（昭和五一～六一年度までの消費量調査）によると、国宝重要文化財建造物の保存修理で消費した年間木材量（製品材積）は五〇〇～六〇〇立方メートルほどになります。樹種を見ると、檜の消費量が最も多く、年間一〇〇～二〇〇立方メートルで、全体の三分の一を占めます[図17]。檜に続いて杉、松が多く、これら三種で全体の三分の二を占めています。

消費量の多い檜、杉、松について、消費した品等を見てみましょう。檜は無節《むぶし》が四パーセントと他の材より比率が多く、上小節《じょうこぶし》（小指の先で隠れるくらいのごく小さな節のあるもの）も二五パーセントあり、高品位なものが求められていることがわかります。杉の無節材は一パーセントと檜と比べれば少ないものの、品等の割合は檜と似ています。

松は小節（親指の先で隠れるくらいの小さな節のあるもの）以上の高い品等のものが檜や杉と比べかなり低く、その代わり丸太材が全体の三分の一近くを占めます。松は小屋梁等に多く使われるからでしょう。

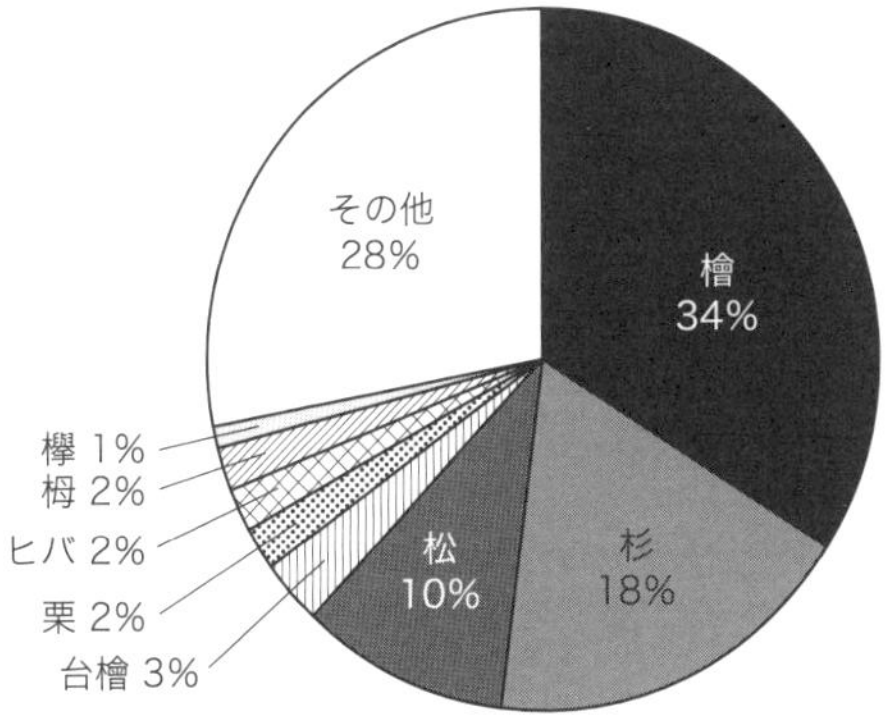

17 国宝重要文化財保存修理における樹種別消費量の割合（昭和51～61年度）

資材の枯渇

現代の木造建築には、伝統木造建築で用いられた資材はほとんど使用されなくなりました。木材も経済性優先で、外国産が大半を占め、伝統木造建築に見られるような質の高い、必要な寸法を持った材はほとんど見られません［図18］。それどこ

18東大寺転害門。柱などの各部材は、現在の市場で出回っていない、大径、長大材ばかりです

ろか、木材は構造材として使用され、その上に合板を打って、適当に化粧しているものが大半です。木材が外に見えない木造建築です。

一般市場に出回る木材は大半が規格材で、経済効率の悪い規格外の大径、長大、高品位材や特殊な材種は、ほとんど生産が行われていません。文化財関係者のネットワークで材を探すしかありません。文化財修理技術者に話を聞くと、多くの人がこれまで必要な材の入手ができなかったため、品等を落とすか、他の材で代用せざるをえなかった経験を持ち、このような状況は二〇年ほど前から顕著になったとのことです。そして、口を揃えて将来の修理用資材の確保に不安を訴えます。

人材の枯渇

一方、人材の枯渇も深刻です。修理に関わる職人さんの場合、伝統木造建築の保存、修理の仕事が減れば、生活できませんから、仕事から離れます。職人は師匠から技術を受け継ぎ、さらに発展させ、弟子に引き継ぎました。人が絶えると、つまり技術が絶えると、その復活はきわめて困難となります。

同じことが、資材を生産する人にも言えます。現代の木造建築においては、木材を化粧で使用することがほとんどなくなり、見た目を気にする必要がなくなったため、安価な外国産の木材が使用されるようになりました。国産の木材は高価なため需要が減り、それに伴い林業が疲弊し、森も荒れました。きつい仕事に見合う収入が期待できないことから、後継者不足が深刻な問題となっています。

資材、人材の問題を解決することは、現代の我々に課せられた最重要課題の一つです。経済性優先の建築から質の高い建築へと、考え方を少しずつでもシフトしていく必要があります。資材・人材の問題は、社会の文化の問題なのです。

木の文化の復権を

総合的な歴史研究の必要性

木の文化、伝統木造建築を守るためには、まず守るべき対象が一体何なのかを正しく理解する必要があります。

わが国の近代的な建築歴史研究は明治中頃から始まり、すでに一〇〇年を超えています。初期の段階においては、それぞれの建築の建設年代をおさえることから始まりました。そのためには年代を示す指標が必要で、各部の形態的な特徴がそれにあてられ、それらの分類、時代的変遷の研究が進められました。いわゆる様式研究です。昭和に入ると、明治以来蓄積された文化財修理の成果をもとに、部材と部材の組み方などの技術的側面からの研究も加わりました。また、建物に残る痕跡の調査法も発展し、それを駆使しての復原的研究も充実していきました。戦後には、建築を建てた大工やその組織の研究など、建築行為の社会的背景に関する研究も加わりました。

以上のように、これまでの伝統木造建築に関する研究は建築歴史を専門とする学者が

19伝統的な町屋建築。2階部分は土壁で防火的措置が施されていますが、1階部分は木部が露出しています

行ってきたため、様式研究などが中心です。建築設計、建築構造、建築材料等の分野からの視点での研究は皆無に近い状態です。建築を深く理解するためには、これらの研究抜きにはできません。さらには、社会での位置づけ、建築に対する考え方、哲学など、様々な分野からの研究が必要です。

これらの分野の研究が不足していることを示す例を紹介しましょう。伝統的な町屋建築の多くは、二階部分は塗り込められ、一階は木部が露出しています［図19］。二階には防火的措置が施されているのに、一階にはそれがなされていないことになります。さぼったのでしょうか。いいえ、実はこれには科学的根拠があるのです。ある建物が火災で燃えている時、その道向かいの建物が受ける輻射熱の温度分布を見ると、二階部分が非常に高く、一階はそれほどでもないそうです。

先人は、このことを経験から知っていたのです。

現在の法律では、都市内の建物の外面は類焼防止のため木部を露出することができません。一方、材料学の側面から見た場合、木材をモルタル等で覆ってしまうと呼吸ができなくなり、蒸れ腐れやシロアリの被害に遭いやすくなります。建物の足元が傷めば、地震や大風に対して弱くなってしまいます。これをもって、都市内の木造建築の一階部分の木部を露出すべきだと言うつもりはありません。ただし、現在の法律においては、都市内において伝統木造建築の新築あるいは既存伝統木造建築の大がかりな改築ができません。これは、わが国の伝統建築文化にとって放置できない状況です。このためにも、伝統木造建築に対する多方面からの研究が必要です。

木の文化を守るために

伝統木造建築を物理的に守るだけでは文化は守れません。文化を守って初めて本当の意味で伝統木造建築を守れます。それには、現代生活の中に伝統文化が生き続けている必要があります。

韓国の友人から次のような質問をされたことがあります。「日本の現代住宅に、どのようなかたちで和室が取り入れられているのですか」。絶句してしまいました。我々日本人は和室をどのように捉えているのでしょうか。床の間があれば和室なのでしょうか。しかし、最近の住宅には床の間のないものが多く見られます。それでは畳が敷いてあれば和室なのでしょうか。このように考えていくと、どんどん寂しくなっていきます。マンションや住宅関係のチラシを見ていると、まったく木材が使用されていない部屋も和室として扱われています。

誠に寂しい限りですが、どうしてこのような状況になったのでしょうか。一つには、伝統木造建築の素晴らしさを理解できる人が少なくなったからでしょう。さらにその原因を考えると、伝統木造建築に触れる機会の少ないことが挙げられるでしょう。また、伝統木造建築、文化財関係者等からの宣伝不足もあるでしょう。

現代生活の中に木の文化を根づかせるための研究が必要です。また並行して、法律整備、行政の働きも必要です。木の文化が生活の中に溶け込んで初めて、本当の意味で、伝統木造建築を守り、後世に継承することができるのです。生活の中に木の文化が溶け込むこと、それこそが、これまで連綿と続いてきたわが国の文化を継承し、新たな歴史を刻む行為なのです。

用語解説

本文に＊を付した用語について五十音順に解説

【あ】

校倉建築（あぜくらけんちく）

木材を井戸枠のように積み重ねて外壁をつくった建築。一本一本の木材を校木と呼び、断面は三角、四角などがある。正倉院正倉が著名。

井桁（いげた）

井戸の地上部の縁のように、上から見て「井」の字形に組んだ木枠。

板目（いため）

年輪に対して板面が接線をなしている木目。製材において製品歩止《ぶど》まり（原材料の有効利用率）がよく、幅広の板がとりやすい反面、材に反り、ねじれなどの狂いが出やすい。

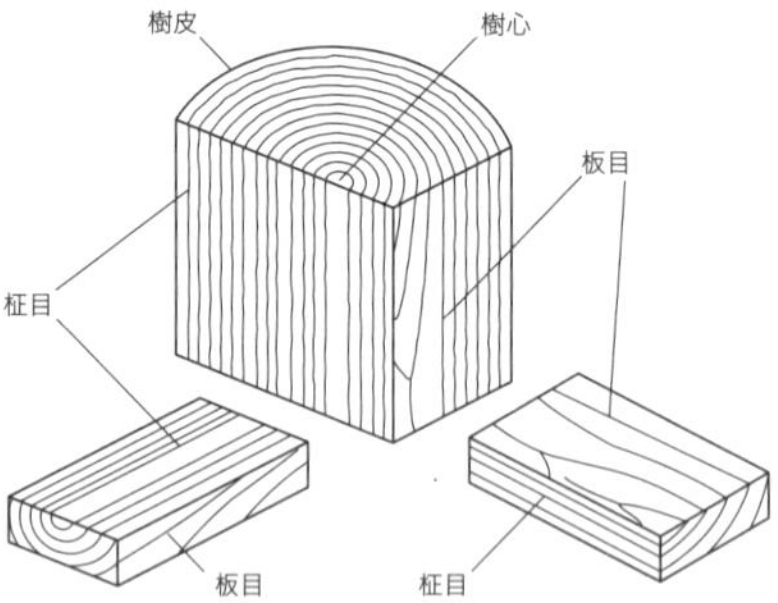

一間社（いっけんしゃ）

正面の柱間数が一間の神社本殿。三間の場合は「三間社」と言う。

甍棟（いらかむね）

屋根の棟形式の一つ。丸・平の軒先瓦を据え、その上に熨斗《のし》瓦を積む。棟の両端は獅子口瓦を飾る。古代において檜皮葺屋根の棟は甍棟にするのが正規。

入母屋造（いりもやづくり）

屋根形式の一つ。上部を本を伏せたような形の切妻造とし、その四周に庇屋根を廻した屋根形式。

請負制度（うけおいせいど）

職人に直接指示し仕事をさせる「直営方式」に対し、ある組織に仕事一式を依頼し、完了後、契約した金額を支払うやり方。

エンタシス（えんたしす）
柱の中程を最も太く、その上下を細くするやり方。日本では「胴張り」と言い、法隆寺金堂など七世紀の飛鳥様式の建築に見られる。

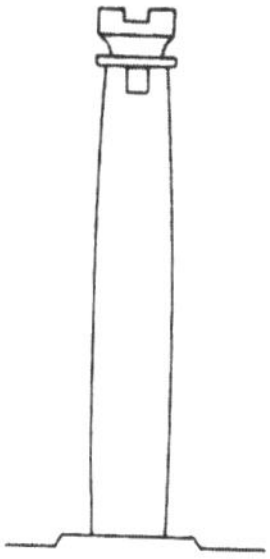

尾垂木（おだるき）
三手先など深い軒をつくる組物に用いられる部材で、建物の身舎柱筋上部から側柱組物に斜めに架け、外に大きく迫り出し、その先端に三斗をのせ、桁を受ける。

【か】

カーテンウォール工法（かーてんうぉーるこうほう）
構造体の外側に構造的役割を持たない壁を設ける工法。現代建築に見られる外面総ガラス張りもこの代表的工法。

蟇股（かえるまた）
「板蟇股」と「本蟇股」の二種がある。板蟇股は古代に見られるもので、虹梁と斗の間に置かれる横材で飼物《かいもの》（パッキン）的役割を果たす。これに対して、本蟇股は組物と組物の間にある装飾材で、左右二材で構成される。形態がカエルの股に似ているところから、「蟇股」の名称が付いた。

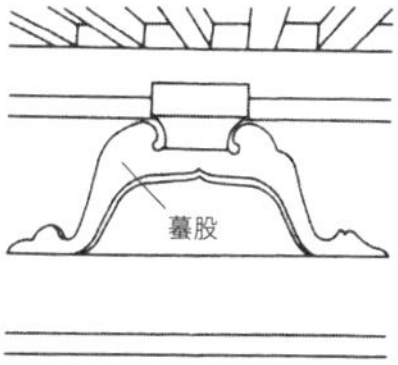

堅魚木（かつおぎ）
千木とともに神社本殿を象徴する、棟に用いられる部材。断面円形の材で、棟の上に棟の方向と直交させて据えられる。もとは茅葺屋根の棟をつくる時に使用された材であったが、神社本殿を象徴する材となり、茅葺以外の屋根にも用いられるようになった。

茅負（かやおい）
垂木の先端部にのせられた横材。

茅葺（かやぶき）
イネ科植物のススキ、ヨシなどで屋根を葺くこと、またはその屋根。

伽藍（がらん）
金堂、講堂、僧坊、経蔵、鐘楼、門、廻廊などからなる仏教施設のこと。

木表（きおもて）、**木裏**（きうら）
柾目以外の板材において、木材の表面に近い方の面を「木表」、芯に近い方を「木裏」と言う。木材は乾燥すると年輪が直線になろうとするので、板は木表側が縮み、木裏側が伸びて、板は反り上がる。板を使用する場合、この性質を知った上で使用する必要がある。

規矩術（きくじゅつ）
伝統木造建築において、構造部、継手、仕口などの実形を曲尺一つでつくりだす図式解法のこと。

切妻造（きりづまづくり）
屋根形式の一つ。棟から前後二面に流れを持つもの。

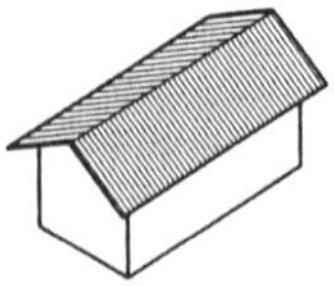

木割（きわり）
わが国の伝統木造建築において、各部の比例と大きさを決定するシステム。デザインだけを指向したものでなく、構造、製材等、いろいろな要素が結集したものと見るべきである。

組入天井（くみいれてんじょう）
通肘木などの構造材の内側に格子を組み入れてつくられた天井。水平構面を構成し、地震、大風などの横力に対抗し、建物のねじれを防ぐ構造的役割を持つ。三手先で軒が深い、建物上部が重い金堂や五重塔などに施される。

組物（くみもの）
軸部と小屋組の間にあり、上部荷重をスムーズに柱に伝える役割を持つ。「斗《と》栱《きょう》」とも言う。「舟肘木」「大斗肘木」「三斗組」「出組」「二手先組」「三手先組」などの種類がある。

雲斗（くもと）、**雲肘木**（くもひじき）
法隆寺金堂など飛鳥様式の建築の組物に用いられる、当様式を特徴づける部材。深い軒を支持するために、力肘木下に大断面の肘木を用いるが、この材に雲の彫刻を施していることから、この材を「雲肘木」と呼ぶ。また、雲肘木上の力肘木の断面欠損を最小限とするため、壁付の通肘木と相欠《あいがき》にせず、通肘木を成半分高く納めている。このため、通肘木とその下の大斗上の肘木の間隔が他より広くなった。このため、通常の斗では納まらず、雲の彫刻をした高い斗を用いた。この斗を「雲斗」と言う。

庫裏（くり）
禅宗寺院の中の一施設。厨房、寺務、応接等の機能を持つ。また、近世寺院で住職家族が住む建物を言う。

桁行（けたゆき）、**梁行**（はりゆき）
梁と直交する方向、あるいはその両端の柱間距離を「桁行」、梁に平行な方向、あるいはその両端の柱間距離を「梁行」と言う。

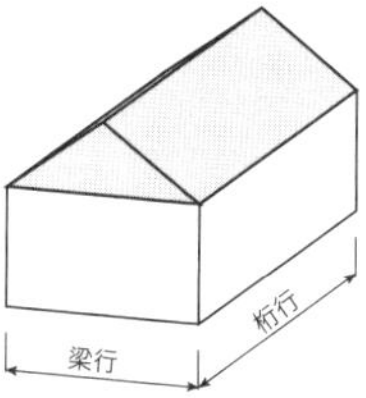

螻羽（けらば）
切妻屋根の妻側の端部。

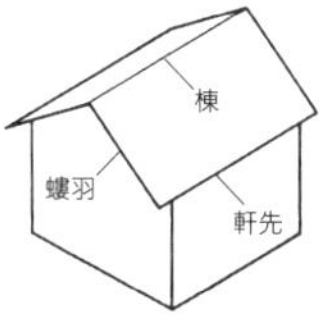

講堂（こうどう）
伽藍を構成する一施設。説教、講義等を行う施設。遺構として法隆寺大講堂などがある。

向拝（こうはい）
参詣人の礼拝のために、社殿や仏堂の正面に、本殿や拝殿から張り出して庇を設けた部分。

虹梁（こうりょう）
宮殿、寺院建築において、外部から見え、化粧に加工された梁。反り上がった形状が虹をイメージできることから、この呼称になったと考えられる。

木口（こぐち）
木材の繊維方向と直交した切断面。

木口斗（こぐちます）
組物の斗の繊維方向をその上にのる肘木と直交させる技法。薬師寺東塔、唐招提寺講堂、東大寺法華堂、法隆寺東院夢殿、山田寺廻廊など古代建築の一部、および東大寺南大門、同開山堂、浄土寺浄土堂など大仏様建築に見られる。

柿葺（こけらぶき）
厚さ約三ミリメートル、長さ約三〇センチメートル（寸法は、時代、地域によって差がある）の板を三センチメートル前後ずらしながら葺き上げる屋根。材としては、椹《さわら》、杉、栗などが用いられる。

金堂（こんどう）
伽藍の最も中心の建物で、本尊を安置する。

【さ】

実肘木（さねひじき）
組物を構成する部材の一つ。桁と三斗の間に入れられる肘木。桁の継手を補強する役割を持つ。時代が下がると、その意味は薄れ、端部に渦文様を入れるなど、形式的で装飾的な意味合いが強くなる。

桟瓦（さんがわら）
桟瓦葺に用いられる瓦。本瓦葺の平瓦と丸瓦を一体化したもので、一六七四年に西村五郎兵衛が発明したと伝えられる。桟瓦は、本瓦と比較して格段に軽量で安価であることから、一八世紀後半から一気に広まった。当時の都市問題であった火災対策にも功を奏した。

式年造替（しきねんぞうたい）
一定の周期で社殿を新築更新する制度。二〇年周期で実施されている伊勢神宮が有名。

仕口（しぐち）
二つ以上の部材がある角度（ほとんどは直交）をもって接合する工法。

獅子口（ししぐち）
棟の端部を飾る瓦。五角形の箱の頂部に筒状の経の巻をのせ、正面、側面には綾筋と呼ぶ筋が付く。時代が下がると、両脇に鰭《ひれ》が取り付く。現存遺構としては法隆寺聖霊院の厨子のものが最古。檜皮葺建物や住宅系建物に多く用いられる。

地垂木（じだるき）
宮殿、寺院建築等において軒を二段にする場合、二段目のものを「飛檐垂木」と言い、それに対して一段目の垂木を「地垂木」と言う。

四天柱（してんばしら）
五重塔、多宝塔などの塔婆建築の心柱の周りに立つ四本の柱。

地紋彫り（じもんぼり）
柱や桁などの表面に紋様を彫刻する工法。建築の木部の彫刻的装飾は、中世までは、構造とは直接関係のない蟇股彫刻などに限られていた。しかし近世に入ると、構造材も彫刻化が進み、虹梁が龍の彫刻になったり、柱の頂部に獅子の彫刻が取り付くようになり、ほぼ並行して地紋彫りも行われるようになった。

城郭建築（じょうかくけんちく）

敵の攻撃から守るために、城壁や濠を巡らし、天守、櫓《やぐら》等を設けた軍事施設。

素木造（しらきづくり）

丹《たん》、弁柄《べんがら》などの塗装が施されない工法、または建物。寺院建築等では、中世以前は原則として塗装が施された。装飾的な要素もあるが、本来の目的は、木材を雨や紫外線等が保護することであった。中世も後半になると、工具が発達し、それまでは加工できなかった欅などを扱えるようになり、木目が大変きれいな欅などの材に、塗装をせず（透明な漆《うるし》等を施すことはあった）、木肌そのままを表す工法が用いられるようになった。

枝割制（しわりせい）

柱と柱の間隔などを、垂木と垂木の間隔を基本単位として定める設計法。鎌倉時代に始まった。

心柱（しんばしら）

塔婆建築の中心にある柱。最初は掘立柱であったが、七世紀後半頃から基壇上の礎石上に立つようになり、三重塔では一二世紀の後半になり、初重天井上の盤上に立つようになる。江戸時代になると、日光の五重塔のように、上部から吊り下げられるものも現れた。

隅木（すみぎ）

軒の四隅にある部材。桁行、梁行の桁が組み合った位置にのり、四五度方向に迫り出される。隅の垂木はこの材に取り付く。

相輪（そうりん）

塔婆建築の最上重屋根の上にのる青銅または鉄製の工作物。頂部から宝珠《ほうしゅ》、竜舎《りゅうしゃ》、水煙《すいえん》、九輪《くりん》、請花《うけばな》、覆鉢《ふくばち》、露盤《ろばん》よりなる。

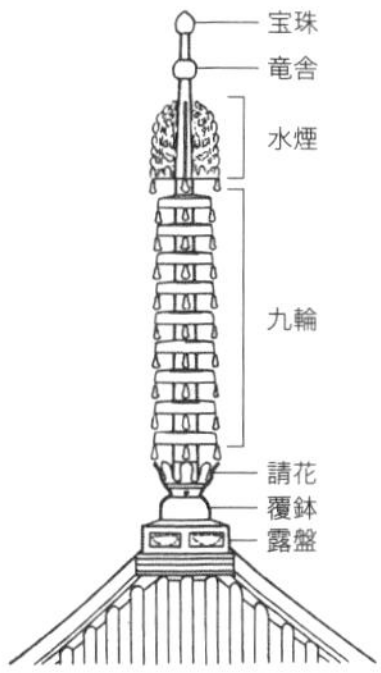

礎石立(そせきだて)
掘立柱に対して、礎石を据え、その上に柱を立てる工法を言う。掘立柱建築は柱が埋められているため、柱は自立し、軸部を礎石立建築ほど固める必要はない。しかし、柱が腐食するため、耐用年限が短い。これに対し、礎石立建築は軸部を堅固にする必要がある。反面、耐久年限は掘立柱建築より長い。

【た】

大斗(だいと)
組物を構成する部材の一つ。柱の上にのり、組物の最下部にある部材。他の斗より一回り大きいことから、このように呼ばれる。

大斗肘木(だいとひじき)
組物形式の一つ。大斗の上に肘木をのせ、その上に直接桁を据える。法隆寺東院伝法堂、法隆寺食堂などに用いられている。

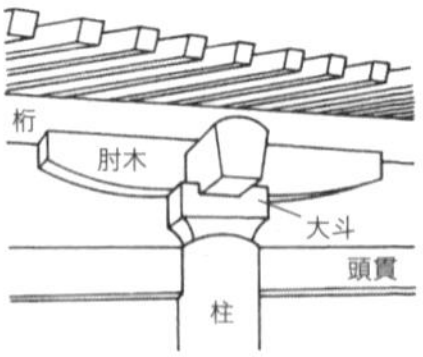

拓本(たくほん)
木、瓦、石、金具などの形態や陰刻された文字や文様を紙に写したもの。「湿拓」と「乾拓」がある。湿拓は、被写体に水を用いて紙を密着させ、その上から墨汁を湿したタンポで叩いて写す。乾拓は、水は用いず被写体に紙をのせ、蝋墨《ろうずみ》、カーボン紙などをこすって写す。

手挟(たばさみ)
鎌倉時代以降、向拝に見られる部材。桁と組み合い、上端は垂木に沿わせ内側に伸ばす。彫刻されることが多い。

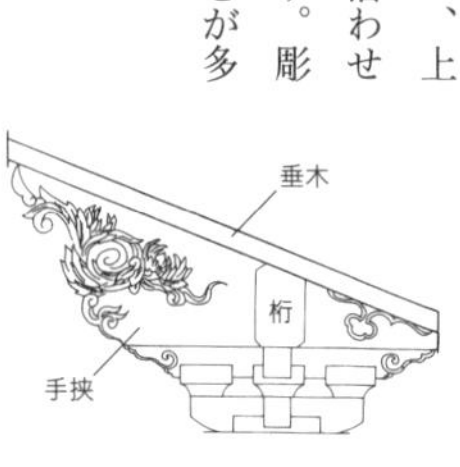

垂木(たるき)
桁、棟、母屋の上に打たれる角材で、屋根や軒の荷重を受ける構造材。小屋裏部にあり、外から見えない材を「野垂木」と言う。これに対し、外から見えるものを「化粧垂木」と言う。

千木(ちぎ)
堅魚木とともに神社本殿を象徴する、棟に用いられる部材。もとは切妻造の一番外側の垂木（破風に相当）を屋根上に突き出した材。後に、まったく別木で交差した材を棟上にのせるようになった。

継手（つぎて）
部材をその材軸方向に継ぐ工法。

妻飾（つまかざり）
切妻造、入母屋造の屋根において、妻部分に見られる架構。「二重虹梁蟇股」「豕叉首《いのこさす》」などの種類がある。古代には構造材そのものであったが、中世も終わり頃になると、内側に構造材があり、妻飾は表面的な装飾材となった。

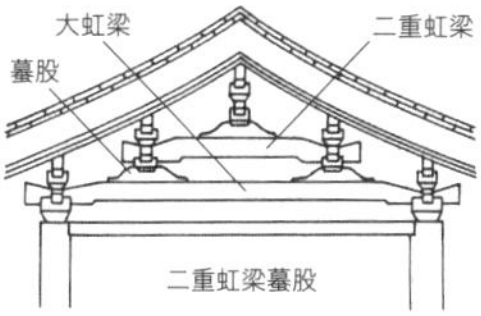

二重虹梁蟇股

妻側（つまがわ）
切妻造、入母屋造の屋根において、三角形になった壁面の側。妻側と直角な壁面を「平側」と言う。

連三斗（つれみつど）
組物形式の一つ。螻羽を深くでき、向拝に多く用いられる。三斗組の変形で、螻羽側に二手出したもので、一段目の肘木は頭貫《かしらぬき》鼻を肘木形につくりだす。頭貫鼻を肘木につくりだすのは、一二世紀末に大陸から取り入れられた大仏様で見られる手法で、一三世紀中頃には在来の建築に取り入れられた。

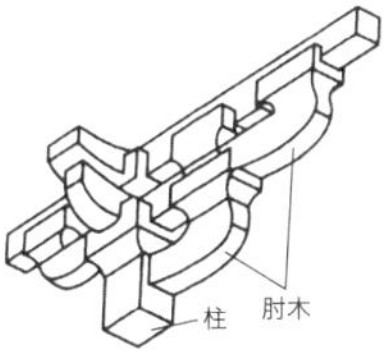

出組（でぐみ）
組物形式の一つ。桁を一手外に出した組物。一二世紀以降に多く見られる。

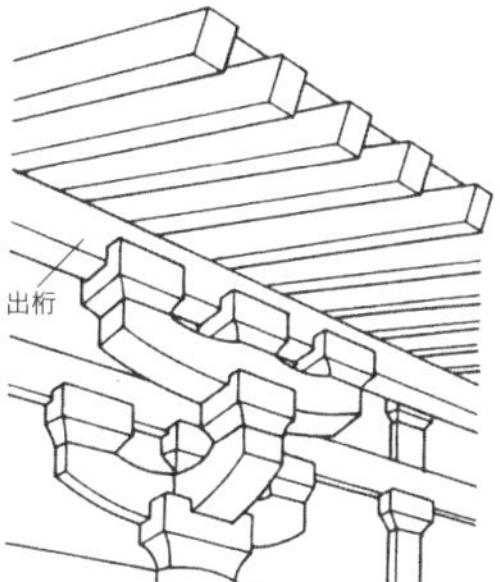

手先肘木（てさきひじき）
組物において柱筋の壁面にある肘木を「壁付肘木」と言い、これに対してこれと並行して外にある肘木のこと。

出三斗（でみつど）
組物形式の一つ。大斗の上に枠肘木がのり、その上に四つの巻斗と一つの方斗を置き、壁方向は桁を、手先方向は繋虹梁を受ける。

伝統的建造物群制度（でんとうてきけんぞうぶつぐんせいど）

昭和五〇年の文化財保護法改正で始まった制度。それまでは建物単体の保存であったが、建築群（集落、町並み）として価値の高いものを保存することができるようになった。当該市町村が地区を指定し、国が選定する。平成一六年八月現在、七三地区が選定されている。

塔婆建築（とうばけんちく）

五重塔、三重塔などの重層建築のこと。

登録文化財制度（とうろくぶんかざいせいど）

平成八年の文化財保護法改正で始まった制度。重要文化財の現状変更規制などのような強い縛りをかけず、活用しながら保存することを目指す。建築後五〇年を越え、地域で広く親しまれたり、そこでしか見られないものなどに資格がある。実施から一二年経過した平成二〇年六月現在、重要文化財の指定数（四二三五棟）を越え、七〇〇九件に達している。

通肘木（とおりひじき）

組物と組物を連結する横材。断面は普通の肘木と同じ。

土地指定制度（とちしていせいど）

昭和五〇年の文化財保護法改正で始まった制度。それまでは建物だけを指定し、その保存を図ってきたが、建物と一体として価値を形成している土地も含めることができるようになった。

鳥衾瓦（とりぶすまがわら）

大棟、降《くだり》棟、隅棟などの鬼瓦の上にのり、前方に突き出た円筒状の瓦。

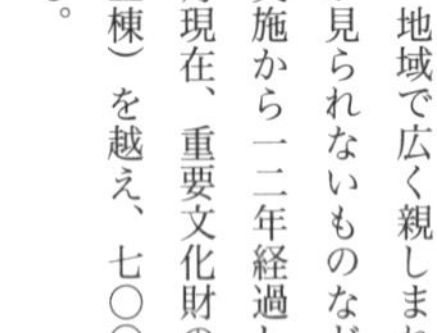

【な】

流造（ながれづくり）

神社本殿形式の一つ。切妻造平入りの正面側に庇をつけた本殿。全国的に最も流布した形式で、京都の賀茂別雷《かもわけいかずち》（上賀茂）神社、賀茂御祖《かもみおや》（下賀茂）神社の本殿などがこの形式。

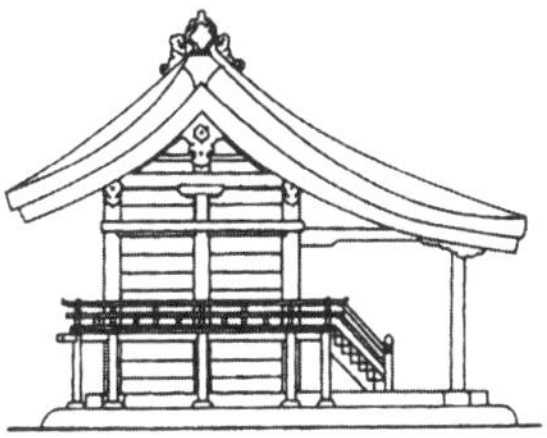

長押（なげし）

柱を両面から挟み込んで釘で打ち留めて固定した横材。位置により、「地長押」「腰長押」「内法長押」等と呼ばれる。長押は韓国や中国にはなく、日本で発明された可能性がある。もとは扉などを吊るための造作材であり、開口部、窓のある柱間にのみ打たれた。その後一二世紀頃から軸部を固める構造材として用いられるようになる。

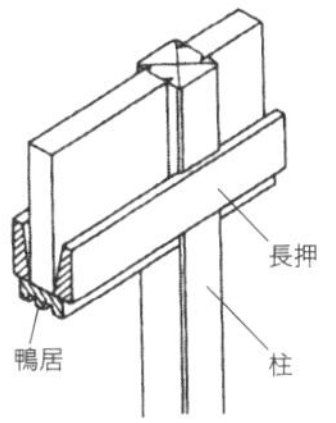

貫（ぬき）

柱を貫いて、相互につなぐ横材。位置により、「頭貫」「飛貫」「内法貫」「腰貫」等と呼ばれる。鎌倉時代に禅宗様と共に伝えられた。

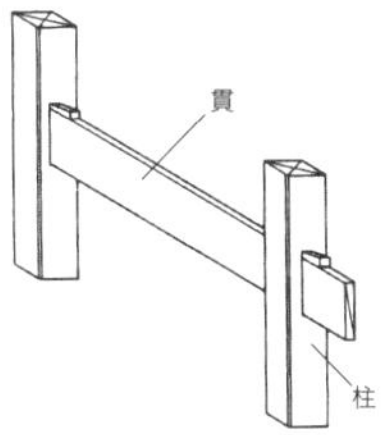

野隅木（のすみぎ）

「化粧隅木」に対する呼称で、下から見えない屋根裏にあって、屋根を直接受ける構造体の隅部分の材。一〇世紀の法隆寺大講堂で初めて現れ、屋根の形を下部構造とは関係なくつくれるようになった。中世本堂は寄棟造にすることが多かったが、建物を立派に見せるために野隅木を妻側に振って棟の長い屋根をつくった。江戸時代には入母屋造の妻飾を大きく立派に見せるため、野隅木を平側に振るものが見られる。

野垂木（のだるき）

「化粧垂木」に対する呼称で、下から見えない垂木で、野小屋の母屋に打たれる。

登り梁（のぼりばり）

通常、梁はほぼ水平に架けられる。これに対し、小屋組で斜めに架けられた梁のこと。

【は】

秤肘木（はかりひじき）

組物において、十字に組まれた一組の肘木のことを「枠肘木」と言い、十字に組まれない肘木を「秤肘木」と言う。天秤のような形態から、このように呼ばれる。

飛檐垂木（ひえんだるき）

軒において垂木を二段に出す場合、軒先の方の垂木を「飛檐垂木」と言い、一段目を「地垂木」と言う。

肘木（ひじき）

組物を構成する部材の一つ。斗と組み合わせられ、上部の荷重を軸部にスムーズに流す役割を持つ。

平三斗（ひらみつど）

組物形式の一つ。大斗上に肘木、その上に三つの斗をのせ、桁を受ける。斗と桁の間に実肘木を入れる場合もある。古代の遺構では、法隆寺東大門、東大寺転害門に用いられ、東大寺転害門には実肘木が入る。

檜皮葺（ひわだぶき）

檜の皮を用いた屋根。約七五センチメートル（寸法は、時代、地域によって差がある）の皮を一センチメートル強上にずらしながら葺き上げる。神社本殿、住宅建築などに多く用いられる。檜皮は立木から採取される。採取後八〜一〇年で皮が再生されるので、檜が存在する限り半永久的に採取できる、きわめてエコロジーな建築資材である。

二手先組（ふたてさきぐみ）

組物形式の一つ。壁面から前方へ斗組が二段に出ているもの。

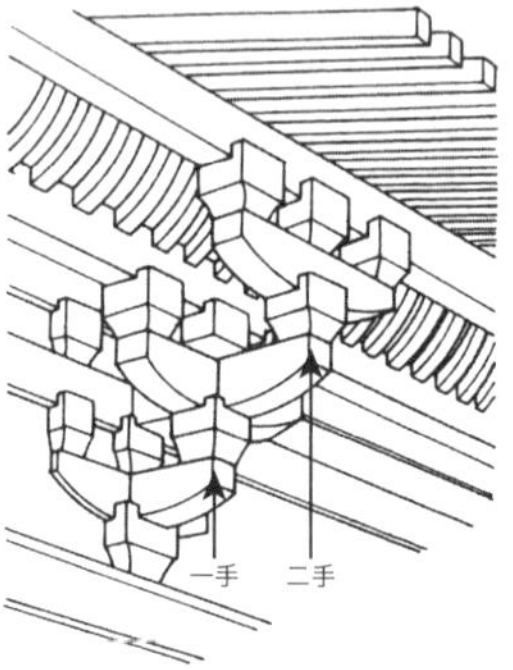

二軒（ふたのき）

地垂木、飛檐垂木の二段で構成される軒のこと。

仏間（ぶつま）

仏像あるいは位牌を安置した室。

舟肘木（ふなひじき）
組物形式の一つ、あるいはその部材。柱の上に肘木をのせ、その上に桁を据える。肘木の形が舟に似ているところから、この名が付いた。

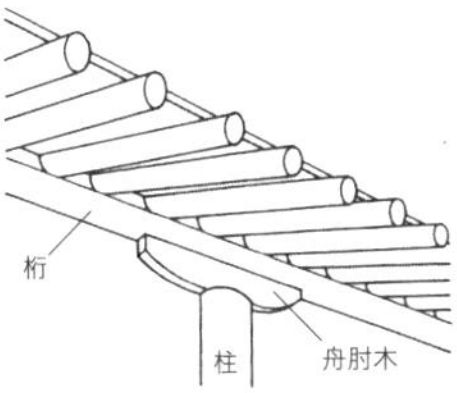

文化的景観制度（ぶんかてきけいかんせいど）
平成一六年の文化財保護法改正で始まった制度。文化的景観とは「地域における人々の生活又は生業及び当該地域の風土により形成された景観地で我が国民の生活又は生業の理解のために欠くことのできないもの」で、これを文化財として位置づけ、保存・活用を図る。

幣軸（へいじく）
板扉などを吊るために上部、両脇にある繰形《くりかた》の付いた額縁。

宝形造（ほうぎょうづくり）
屋根形式の一つ。棟がなく、屋根面が一点に集まる屋根。三重塔、五重塔などの塔婆建築、法隆寺東院夢殿、中尊寺金色堂などに見られる。

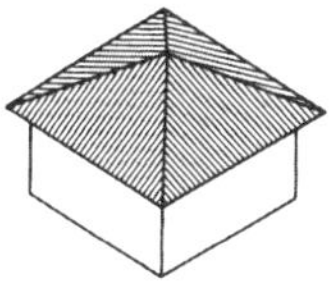

方立（ほうだて）
門、出入口などの脇にあり、建具の納まりをよくする小柱または五平《ごひら》（長方形断面）の角材。

【ま】

巻斗（まきと）、**方斗**（ほうと）
組物を構成する部材で、肘木の上にのり、一方向のみ肘木または桁を受ける斗を「巻斗」と言う。これに対し、二方向の肘木または桁を受ける斗を「方斗」と言う。

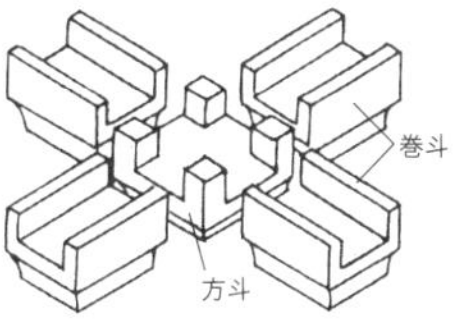

柾目（まさめ）
年輪に対して板面がほぼ直角をなしている木目で、年輪が平行して現れる。材の狂いが少なく美しい反面、製材において製品歩止まりが悪く、幅広材がとりにくい。

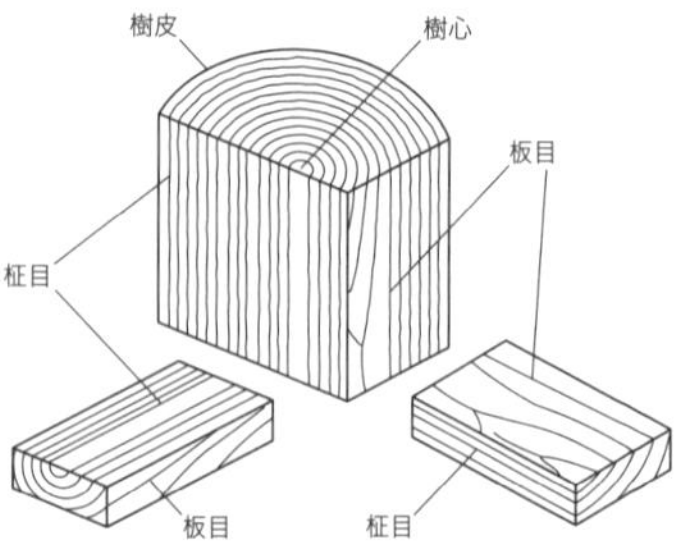

斗（ます）
組物を構成する部材の一つ。柱の上あるいは肘木の上端にあり、別の肘木や桁を受ける。「大斗」「巻斗」「方斗」「雲斗」などがある。

三斗（みつど）
組物形式の一つ。大斗の上に肘木、その上に三つの斗をのせ、桁を受ける。「平三斗」「出三斗」「連三斗」などの形式がある。

棟札（むなふだ）
建物の新築、修理を行った時に、施主、設計者、施工者、スポンサー等の関係者、儀式（上棟等）実施年月、祈願文等を記した板札。棟木、棟束等に打ち付けられることから、「棟札」と言う。初めは棟木に直接墨書されていたが、一二世紀頃から板札に書かれるようになった。

身舎（もや）
古代の建築における主構造部分を言う。建物の用途上、広さが必要な場合、身舎の外に庇が付加される。

母屋（もや）
小屋組において、棟木に平行してあり、垂木を打つ部材。

門（もん）
敷地を囲う塀等に出入りのために設けられた開口部に築かれた構築物。形式によって、「二重門」「楼《ろう》門」「八脚《やつあし》門」「四脚《よつあし》門」「棟《むな》門」など多くの種類がある。門の敷地内での位置づけ等から、「南大門」「中《ちゅう》門」などと呼ばれる。

【や】

寄棟造（よせむねづくり）
屋根形式の一つ。入母屋造のように切妻部分がなく、棟を持ち、四方に屋根面がある屋根。古代の寺

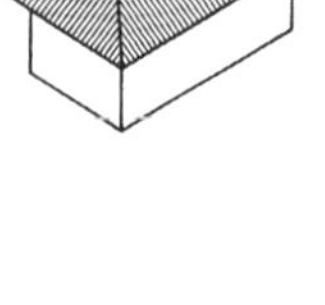

院、宮殿建築で最も格式の高い形式と考えられた。

【ら】

霊廟建築（れいびょうけんちく）
桃山・江戸時代において武将などを祀った宗教施設。豊臣秀吉の豊国廟、徳川家康の東照宮が著名。建築的には、仏教建築、神社建築の両者が存在する。権現造《ごんげんづくり》などのにぎやかな建築形式とし、漆、彩色、錺金具などを多用した装飾豊かなものが多い。

【わ】

枠肘木（わくひじき）
組物において、十字に組まれた一組の肘木のこと。これに対し、十字でなく一本の肘木だけの場合は「秤肘木」と言う。

＊編集部注：「用語解説」の挿図は、以下の文献を参考にした。『建築大辞典』彰国社、㈳日本建築学会編『建築学用語辞典』岩波書店、木造建築研究フォラム編『図説 木造建築事典 基礎編』学芸出版社、前久夫『寺社建築の歴史図典』東京美術、近藤豊『古建築の細部文様』光村推古書院、濱島正士監修『寺院建築』山川出版社。

あとがき

私は、一九七九年に大学を出るとすぐ文化財の世界に入りました。㈶文化財建造物保存技術協会の技術職員として修理現場。その後文化庁に移り一〇年間、文化財保存行政。そして平城宮跡の復元整備事業が本格化した九四年から八年間、奈良国立文化財研究所で復元研究に携わりました。そして再び文化庁。このように、これまでに現場、行政、研究の三通りの立場で文化財と向かい合う幸運に恵まれました。

現場、行政の経験がベースにあった奈良国立文化財研究所での研究は、これまでの古代建築史研究に見られなかった新たな視点で伝統木造建築を観ることができ、いくつかの成果を上げることができました。

平城宮大極殿のように平面的な資料しかない復元においては、当時の建築技術、棟梁がどのような考えで建てたのかなど、建物を建てる側の視点での研究が求められました。最初はほとんど成果を上げることができませんでしたが、三〜四年ほどしたある日、古代建築のいろいろな場面で一〇メートルという長さが現れることに気づきました。材料としての木材の長さと建物の構造に関連性があったのです。この後は、大斗肘木と平三斗の使い分け、実肘木の意味等々、芋蔓式に新発見がありました。

二〇〇一年、㈶森林文化協会発行の『グリーン・パワー』という森林文化に関する月刊誌で、わが国の木造建築に関する論文を連載で一年間、執筆する依頼を受けました。最初は躊躇したのですが、研究成果をまとめる上でも意味があると思い、お受けしました。

その後、学芸出版社の宮本裕美氏から、この論文をベースに加筆し、図面等を加えて一冊の書にまとめないかとのお誘いがありました。今振り返ると、五年前に連載原稿を書いていた頃は、色々な新発見の興奮から冷めない時期で、独りよがりの所が多かったように思います。その意味で、本書の執筆はもう一度冷静な目で見直すよい機会でした。

内容は未熟でお恥ずかしい限りですが、これまでなかった見方によって、いくつかの新しい説を提示することができたことは自負できます。多少なりとも私の建物に対する見方がご参考になれば、これ以上の喜びはありません。

最後になりましたが、本書がどうにかかたちとなったのも、宮本氏の叱咤激励、適切なアドバイスによるものです。心よりお礼申し上げます。

二〇〇六年七月

村田健一

村田健一（むらた・けんいち）

文化庁文化財部参事官（建造物担当）付主任文化財調査官。

一九五五年福井県生まれ。福井大学工学部建築学科卒業、東京工業大学大学院修士課程修了。㈶文化財建造物保存技術協会、文化庁、奈良国立文化財研究所を経て、二〇〇二年より現職。専門は日本建築史、文化財保存。著書に『国宝東大寺転害門調査報告書』（共著、奈良文化財研究所、二〇〇三年）、『シリーズ 都市・建築・歴史2 古代社会の崩壊』（共著、東京大学出版会、二〇〇五年）など。

本書は、㈶森林文化協会発行『グリーン・パワー』二〇〇一年一月号から一二月号に連載された論文「木造文化財の危機」をもとに、加筆・改稿し、再構成したものです。

伝統木造建築を読み解く

二〇〇六年　九月一〇日　初版第一刷発行

二〇二〇年十一月二〇日　初版第五刷発行

著　者　村田健一

発行者　前田裕資

発行所　株式会社 学芸出版社

〒六〇〇―八二一六

京都市下京区木津屋橋通西洞院東入

電話　〇七五―三四三―〇八一一

装丁　上野かおる

印刷　イチダ写真製版

製本　新生製本

ISBN978－4－7615－1219－4　Printed in Japan